JN043721

# 契約法入門

## ――を兼ねた民法案内

窪田充見
Atsumi Kubota

弘文堂

# はしがき

この「契約法入門――を兼ねた民法案内」という少々奇妙な本書のタイトルは、本文の「はじめに」に記しているとおり、講学上の契約法よりはもう少し幅広く契約についての基本的なルールを取り上げたいという意図、そうであれば少なくとも財産法のさまざまな場面に関わってくる契約を通じて、民法全体を概観するような形のものにしたいという意図の二つを表している。

もっとも、本音を言うと、単純に面白く読めるものを書きたいという気持ちの方がはるかに強かったかもしれない。ものを書く仕事をしていると、何か具体的なもの（他の方の書かれた本など）をイメージしながら、「こんなものを書きたい」という気持ちを持つことが少なくない。この本の下敷きにあったイメージは、実は、一冊の本ではなく、講談社ブルーバックスであった。もちろん、物理学や数学など自然科学系の対象を扱うブルーバックスは法律にも契約にも関わりはない。ただ、自分自身が、学生時代やその後も、およそ自分の研究にはまったく関わりがないのに、よくわからないなりに宇宙の誕生や相対性理論について書かれたブルーバックスの書籍をドキドキしながら本当に楽しく読んだ経験から、そうしたものを書きたいなぁ……という気持ちをずっと持っていた。そういえば、私が大好きな画家で昨年のクリスマス・イブに亡くなられた安野光雅さんの絵を最初に知ったのもブルーバックスの装丁であった。「寝転んで読んでいいんだよ！」という本書の趣旨はそうしたことも背景にある。それが成功しているかどうかは読者に判断してもらうほかはないが、まずは、あまり堅苦しく考えずに読んで頂きたいと思っている。

さて、少々規格外のこうした本をどのようにまとめるかについては、かなり頭を悩ませたところである。正確さよりもわかりやすさを優先するというのは、研究者としてはかなりの冒険である。そうした悩みを持ちつつ書いた原稿を、神戸大学大学院博士課程の柳迫周平君が、ごく最初の段階から読んでくれ、校正も手伝ってくれた。自分自身も博士論文をまとめる大変な時期に、あまり学問的とは言えない作業を快く手伝ってくれた柳迫君に、心から御礼を申し上げたい。柳迫君の意見をふまえて全体の構成等を考え直したところも少なくない。また、本書のアイデアを話したところ、神戸大学法学部・同法科大学院の教え子であり、現在は法務省民事局付の鈴木小夏さんも、本書のチェックを引き受けてくれた。さらに、鈴木さんに巻き込まれるような形で、同じく法務省民事局付の倉重龍輔君と小川貴裕君もその作業に加わってくれることになった。お二人は「もらい事故（本人にはまったく責任がない交通事故）に巻き込まれた被害者」のようだった気もする。まことに罰当たりで本当に申し訳ないと思いつつ、三人に心から感謝の気持ちを申し上げたい。

また、本書の編集を担当してくれた弘文堂の清水千香さんにも感謝したい。実は、清水さんには、以前、『ヨーロッパ不法行為法』という本の編集を担当して頂いている。同書は、私が在外研究中にお世話になったクリスティアン・フォン・バール教授の本の翻訳であるが、二巻で総計一四〇〇ページに及ぶ大部なものであり、自分自身にとって最も思い出深い本のひとつである。出版助成との関係で限られた期限で本を刊行する必要があり、その作業は経験したことのない過酷なものであった。最後はヘトヘトの状態で、もう事項索引の作成については見送ろうと提案したところ、同じように疲労困憊であったはずの清水さんからのご返事は、「先生、ここまでやったんですから、最後まできちんとやってよい本にしましょう」といったものだったと記憶している。私にとっては強く記憶に刻まれており、本というものは編集者の方と一緒に作るものだということを、このときに実感として理解することができたように思う。そんな清水さんからの依頼であったからこそお引き受けした仕事であるが、当初のスケジュールを大幅に超過して、とんでもなく時間がかかってしまった。その点については、お詫びを申し上げなければならない。最後に、編集者の清水さんと素敵な装丁とイラストで本書に形を与えてくれたデザイナーの宇佐美純子さんに御礼を申し上げたい。本書は、お二人との共同作業による作品である。

さて、そんなエピソードがあるにもかかわらず、本書には、その事項索引はない。「だって、寝転がって読む本なんだから、事項索引で調べることなんて予定していないんだも～ん！」というのが、罰当たりな筆者の言い訳（開き直り）である。

二〇二一年　クリスマス・イブ

窪田　充見

目次

はしがき　i

**はじめに――本書の使い方**

契約法概説を兼ねた民法入門(2)／大きな地図(大雑把な地図)と小さな地図(詳しい地図)(3)／本書の全体の流れ――契約の成立・効果・終了(5)

**コラム**　婚姻の成立・効果・解消と披露宴のスピーチ(6)

**第Ⅰ部　民法と民法典**

**第1章　民法と民法典**　10

民法――私法の一般法(10)／民法と呼ばれる法律――民法典(11)／債権法改正(13)

**第2章　民法典の構造**　15

民法典のしくみ――パンデクテン方式(15)

**第Ⅱ部　契約の意義と基本原則**

**第3章　民法と契約法――契約法として規定されていること**　20

各所に置かれた契約に関するルールの内容(20)／契約と法律行為(21)

コラム　遺言と遺言(22)
債権と物権(23)／契約と第三者との関係(25)

第4章　契約の種類　27
契約自由の原則――典型契約と非典型契約(27)／有償契約と無償契約の意義(28)／双務契約と片務契約の意義(29)／契約による給付の内容――民法の並び方(30)

第5章　契約をめぐる原則　33
契約自由の原則(33)／契約自由の原則と日常生活での実態(34)／定型取引と定型約款(35)／消費者契約法という特別法(37)／契約の成立に関する消費者契約法による規制(39)／契約内容に関する消費者契約法による規制(39)／消費者契約法以外の特別法(41)／信義誠実の原則(43)
コラム　信義誠実の原則と権利濫用の禁止(45)

第III部　契約の成立

第6章　契約の成立　48
合意(申込みと承諾)による契約の成立(48)／契約の成立について適用される民法の規定(49)／要物契約と要式契約(51)／契約における履行不能の問題(52)

**第7章　契約のために必要な能力**　55

契約が有効に成立するために必要な能力(55)／権利能力(55)／意思能力(56)／行為能力(58)／未成年者の行為能力(58)／成年後見制度(60)／成年被後見人(61)／被保佐人と被補助人(62)

**第8章　代理による契約の成立**　64

代理の意義としくみ(64)／無権代理(65)／無権代理と相続(66)／無権代理人の責任(69)／表見代理(70)

**コラム**　善意と悪意(71)

**コラム**　本人が負担する責任と相手方の保護要件(74)

**第Ⅳ部　契約の無効と取消し**

**第9章　契約の有効・無効**　78

契約の無効原因(78)

**コラム**　立証責任と盟神探湯(79)

公序良俗違反(81)／強行法規違反(82)／無効となった場合の法律関係(84)

**第10章　意思表示の無効と取消し**　87

無効と取消し(87)／心裡留保(しんりりゅうほ)(88)／虚偽表示(88)／錯誤――二つのタイプの錯誤(89)／

いわゆる動機の錯誤をめぐる問題(90)／表意者に重過失がある場合(91)／
詐欺(92)／強迫(93)

## 第11章　意思表示の無効・取消しと第三者との関係　94

問題の所在(94)／心裡留保と第三者(95)／通謀虚偽表示と第三者(95)／
民法九四条二項の類推適用(96)／表見法理と第三者保護(97)／錯誤と第三者(99)／
詐欺と第三者――詐欺による取消しと第三者の保護(102)／
詐欺と第三者――第三者による詐欺(103)／強迫と第三者(104)

# 第V部　契約によって生じる当事者の義務

## 第12章　債権の目的と種類　107

契約と債権(107)
**コラム**　事務管理、不当利得、不法行為(108)
債権の目的と種類(110)／特定物債権(110)／種類債権(112)
**コラム**　法律家の言葉(112)
金銭債権(115)／役務の提供を求める債権(116)／選択債権(116)
**コラム**　横山大観と竹内栖鳳(118)

**第13章　売買契約における当事者の義務**　120

売買契約における当事者の基本的な義務(120)／同時履行の抗弁権(121)／権利移転の対抗要件の具備に協力する売主の義務(121)／他人物売買と売主の義務(122)／契約に適合した物を引き渡す売主の義務(123)／売買と交換(124)／売買と贈与(124)

**第14章　目的物の所有権の移転をめぐる法律関係**　126

対抗要件を備えさせる売主の義務(126)／物の種類──動産と不動産(126)／所有権の移転のために必要なこと(128)／不動産の対抗問題と登記(129)／不動産の所有権と登記(131)／動産の所有権の移転と対抗要件(132)／売主が所有権を有していなかった場合(133)

**第15章　賃貸借**　137

賃貸借における基本的な法律関係(137)／目的物の使用・収益(137)／目的物の使用・収益に関して賃貸人がなすべきこと(138)／目的物の滅失(139)／転貸と賃借権の譲渡(139)／目的物の所有権の移転と賃貸借(141)／賃借権の登記と地震売買(142)／特別法による賃借権の対抗要件の拡張(142)／目的物の所有権が譲渡されてからの法律関係(143)／賃貸借の終了(144)／賃貸借と使用貸借(145)

第16章　**債権譲渡と契約上の地位の移転**　148
債権譲渡と契約上の地位の移転(148)／債権譲渡(148)／債権譲渡の当事者(150)／債権譲渡の対抗要件(150)／債務者に対する対抗要件(151)／債務者以外の第三者に対する対抗要件(152)／二つの対抗要件の衝突(154)／債権譲渡と債務引受(155)／併存的債務引受(155)／免責的債務引受(156)／契約上の地位の移転(158)／賃貸借における賃貸人の地位の移転(159)

第17章　**消費貸借**　161
消費貸借の基本的な法律関係と民法の中での位置づけ(161)／消費貸借の基本的な性質(162)／消費貸借における損害賠償をめぐる問題(163)／消費貸借の終了(165)／利息制限法(166)

第18章　**役務の提供を目的とする契約**　168
役務提供型の典型契約(168)／請負の意義と性質(169)／請負の目的物の所有権(170)／請負契約における中途挫折(171)／委任の意義と性質(172)／委任と代理(173)／受任者の義務(174)／委任契約の終了(175)／準委任契約(175)／寄託の意義と性質(176)
**コラム**　隣人訴訟(177)

# 第VI部　契約の実現と終了

## 第19章　弁済等による契約の実現　181

契約の終わり方(181)／履行と弁済(182)／履行すべき時期(履行期)(184)

**コラム**　期限と条件(185)

弁済の場所(186)／第三者による弁済(187)／相殺(189)／

弁済と相殺以外の債権の消滅原因(191)

**コラム**　消滅時効による債権の消滅(191)

## 第20章　履行の強制と損害賠償　195

債務不履行(195)／債務不履行に対する対応として用意されたしくみ(196)／

履行の強制(197)／履行の強制の方法(198)／自然債務(199)／

債務不履行による損害賠償(201)／債務不履行によって生じる損害(204)／

履行遅滞によって生じる損害(204)／履行不能によって生じる損害(205)／

履行に代わる損害賠償とその他の損害賠償(205)／

債務不履行による債権者等の生命・身体・財産等に生じた損害(207)

**コラム**　債務不履行責任と不法行為責任(208)

債務不履行責任が認められる場合の賠償されるべき損害の範囲(210)／

過失相殺(212)／金銭債務の不履行による損害賠償の特則(213)

**コラム** 学生諸君が大好きな民法四一五条と金銭債務の不履行(214)
第三者に対する損害賠償請求(216)

**第21章 債権を実現するための責任財産の確保等** 217

債権の価値と責任財産(217)/保証(218)/保証債務の成立(219)/保証債務の附従性(220)/第三者の詐欺と保証契約(221)/保証債務と連帯保証(221)/保証人から主たる債務者への求償(222)/債権者平等原則と担保物権の機能(223)/抵当権(224)/複数の抵当権(225)/債務者以外の者が所有する不動産の抵当権(226)/債権者代位権(227)/債権者代位権の債権の優先回収機能(228)/詐害行為取消権(229)
**コラム** 桃太郎が鬼ヶ島から奪還した宝物はどこに行ったのか?(231)

**第22章 解除による契約の終了** 233

解除という制度(233)/債務不履行解除の機能(234)/解除と類似した制度(236)/法定解除の要件(237)/催告による解除(238)/催告によらない解除(238)/解除ができない場合(239)/解除の効果としての原状回復(240)/解除と第三者(241)/解除と損害賠償(242)

**おわりに――民法と民法典の歴史**

ローマ法に始まる民法の歴史(246)/近代国家における民法典の整備(247)/

不平等条約と日本民法典の編纂を含む法整備(249)／旧民法典(ボワソナード民法典)の編纂(251)／法典論争と現行民法典の成立(252)／現行民法典の性格(254)／現在の民法典に至る歴史(256)

# はじめに——本書の使い方

君は、周囲の誰もが認めるように、非常に知的水準が高く、あらゆる言語もすでにマスターしている。しかしながら、地球に降り立ったばかりの君は（君はいったい誰なんだ！）、自分が降り立ったばかりの場所が「ふらんくふると・あむ・まいん」と呼ばれる場所だということはわかっているものの、地理や交通機関についての知識はまったく持っていない。約束をした神戸大学の私の研究室を訪れるために、君に必要なものは何なのだろうか？

## ■契約法概説を兼ねた民法入門

本書は、「契約法」についてのごく基本的なことを学ぶ入門書です（「ごく」と強調したのは契約法についての普通の入門書よりも、もっと初歩的な入門書だからです）。それと同時に、「民法案内」として民法全体についても読者に大きな地図を獲得してもらおうと考えています。それが、「――を兼ねた民法案内」という不思議なタイトルの理由です。少々、というかかなり欲張っています。世の中におけるまっとうな摂理として、こんなふうに欲張ると、おおむね内容は薄くなります。ただ、薄くなってもいいと開き直って、基本的には、寝転んで読んでもらってもいいというものとして書いています（これは六法を手元に置かずに読んでもいいよということを意味します。実はものすごく大胆なことを言っています。たぶん多くの先生方から私は叱られることになりそうです）。

ところで、契約法概説を兼ねた民法入門ということについては、少し説明が必要かもしれません。あとでもう少し詳しく説明するように、民法の中には、「契約」という見出しがついた部分があります（民法の第三編・第二章です）。「契約法」というタイトルが付いているテキストでは、この部分を対象とする場合が多いだろうと思います。もっとも、契約に関するルールとして誰が有効な契約を締結することができるのか（未成年者でも契約は締結できるのか）、騙されて契約した場合にはどうなるのか、契約したのに相手が履行してくれない場合には何ができるのか等々、契約に関することなのに、上記の「契約」の部分に書かれていないことも少なくありません。本書では、そうした部分も含めて、契約に関するルールの全体像をつかんでもらおうと考えています。なお、契約に関わるルールというのは非常に幅が広いものです。契約に関わることまで含めて説明しようとすると、民法のかなり多くの部分をカバーすることになります。それなら、ついでに民法の中で重要なルールも扱って、民法の入門的な意味も含めてしまおうと実に安直に考えたわけです。

もっとも、その一方で、契約に関するルールを網羅的に取り上げることは考えていません。本書は、まだ法律学の勉強を始める前の読者、あるいは法律学の勉強をするつもりはないが何となく面白そうだと思ってこの本を手に取ってくれた読者を想定しています。そのため、すでに本格的に勉強を始めた諸君から見ると（もちろん、そうした諸君にも読んでもらえれば、筆者としてはそれに越したことはありません）、「○○が取り上げられていない！」、「△△に触れられていない！」と気がつくところもあると思います。それらについては、もっと本格的な教科書等で追々学んでもらうことにしましょう。

## ■大きな地図（大雑把な地図）と小さな地図（詳しい地図）

ところで、契約法や民法の勉強に限ったことではありませんし、たぶん法律学の勉強に限ったことでもないと思うのですが、我々が一定の知識を習得する際には、縮尺の大きな地図（世界地図や日本地図）、中くらいの地図（都道府県地図）、小さい地図（各市町村の市街地図など）といったいくつかのレベルのものが必要だろうと思います。

たとえば、神戸市の詳細な市街地図と札幌市の同じような地図を持っていても、神戸市や札幌市がどこにあるのかがわからなければ、その地図の使い途は非常に限定されるだろうと思います。全部の都市の詳細図を獲得すれば大丈夫だ！と思われるかもしれませんが、それはそもそも非常に大変ですし、それぞれの都市がどこにあるのかがわからないまま、そうした膨大な地図があっても、やはり用途が限定されてしまいます。都道府県の位置も、それぞれの都市の所在地もわからないのに、電話帳みたいな都市詳細図だけが目の前に積み上げられている状態を考えてみてください。兵庫県の地図と長野県の地図だけがあってその場所がわからない、あるいはすべての都道府県地図があるがそれぞれの場所がわからないという場合も同様でしょう。小学校で日本地図を勉強するように、全体像をつかんでおくということには意味があると思います。

本書では、契約というものを素材としつつ、民法についての大きな地図をみなさんに提供できればと考えているわけです。ちなみに、「いまはそんな紙の地図なんぞ使わない！」、「私はもっぱらGoogle Mapだ！」という諸君もいるでしょう。「なるほど、そうか！」と一瞬納得してしまいそうですが、しかし、その諸君も、スマホで特定される現在の場所以外のところを調べようと思えば、いったん大きな地図にして、それから必要な場所を探してズームしていくのだろうと思います。したがって、この比喩はやっぱり当てはまるのだろうと思います。

さて、冒頭の設例ですが、ドイツのFrankfurt am Main（ちなみにドイツには、Frankfurt an der Oderという都市もあります。それぞれ、マイン川、オーデル川という川のほとりのフランクフルトという意味です）に降り立った君は、私の研究室まで来ることができるでしょうか。そのために必要な地図と交通情報はどんなものでしょう？

こうした目的に立った本書ですから、さきほども述べたように、寝転がって読んでもらえればいいと思っています。もちろん、「六法を傍らに置いて条文を参照しながら読む」ということは法律学の勉強では非常に重要ですし、私も授業の最初には必ず学生諸君にそれを要求します。しかし、本書は、そうした作業が必要になるひとつ前の段階のものだと思ってもらえればいいと思っています。

なお、本書の中では、網羅的にではありませんが、必要かなと思ったところでは条文の番号を示しています。具体的には、債務不履行の損害賠償【Ⅲ①：四一五条】といった形で示しています。【　】の中の最初のⅢは民法の第三編、次の①はその第一章という意味です。その後に条文を示しています。これは、民法のどこに規定されているのかということがわかるようにするためのものです。あまり神経質にならなくても結構ですが、そうした意味だということだけを確認しておきましょう。

## ■本書の全体の流れ――契約の成立・効果・終了

ところで、本書では、最初に「民法と民法典」として、民法全体のごく簡単な地図を確認するとともに、民法典の構造を扱います（第Ⅰ部）。これは導入部分と言えます。そのうえで、契約の意義を扱い（第Ⅱ部）、契約の成立に関わる問題を扱い（第Ⅲ部と第Ⅳ部）、契約の効果として、契約当事者がどのような義務を負うかを説明し（第Ⅴ部）、契約の終了を扱って（第Ⅵ部）、最後に民法と民法典の歴史に触れます。

特に、成立、効果、終了という流れは、他の法制度の説明においてもよく用いられる構造であり、また、条文も多くの場合にそうした構造となっています。たとえば、婚姻という制度についても、民法は、婚姻の成立、効果、解消（離婚）という形で条文を用意していますし、養子縁組についても、同じような構造になっています。

民法第三編・第二章・第一節の「総則」（**契約総則**と呼びます）を見ると、まさしく、契約の成立（第一款）、契約の効力（第二款）、契約の解除（第四款）と並んでいるわけです（他にも並んでいますが、ここではこの順番だけ確認すれば十分です）。ただ、本書では、こうした契約総則に規定されている以外のルール（契約以外のことにも共通するとして債権総則や民法総則に規定された内容、あるいは、個別の契約によって異なるものとして契約総則ではなく、個々の典型的な契約において規定された内容）も含めて、説明していくことにします。

**婚姻の成立・効果・解消と披露宴のスピーチ**

筆者のような仕事をしていると卒業した教え子たちと接する機会もそれなりにあります。たとえば、結婚式もそんな機会のひとつです。そうした教え子の諸君が結婚式に呼んでくれるのは嬉しいことです。声をかけられて、「おっ、いいなぁ、スピーチくらいしてあげるぞ」と答えると、多くの諸君は、「いいんですかぁ、先生?」と嬉しそうに言ってくれます。そして、「もちろんだよ。何と言っても家族法はボクの専門だから、婚姻の成立・効果・解消、三分間でばっちりやってあげる!」と答えると、なぜか、その後、連絡がなく、○○君の結婚式どうなったのかなぁと思っていると、しばらくして、新郎新婦のにこやかな写真が印刷された「わたくしたち結婚しました」との挨拶状が届く……という悲しい体験をなぜか繰り返しています。

それがここでどんな話しにつながるんだって?、何の関わりもありません。ただ、成立・効果・解消というわかりやすい構造は避けた方がよい場面もありそうだというだけです。

# 第Ⅰ部　民法と民法典

しつこいようですが、この本は、「契約法入門――を兼ねた民法案内」と称しています。契約法入門と民法案内のどっちが主でどっちが副かはあまり気にしないとして（筆者もあまり気にしていないというか、時々何を書いているか忘れます)、いずれにしても「民法」が何なのかということはやはり最初に取り上げておくことにしたいと思います。

ここでは、第１章で民法の性格や基本的な概念について簡単に説明するとともに、第２章では民法と呼ばれる法律（民法典）がどういう形で構成されているかについて説明することにします。もっとも、第２章については、読み始めてちょっと面倒くさそうだなぁ……と思ったら、あまり気にせずに後回しにして、「おわりに」で扱う民法と民法典の歴史のあとに読んでもらってもいいと考えています。ひょっとすると、その方が、民法の歴史の中で、日本民法がどうしてこのような構造になったのかということが、よくわかるかもしれません。

# 第１章　民法と民法典

**■民法──私法の一般法**　民法というのは、私人と私人との関係を規律する一般的な法律です。たとえば、売買といった契約に関する法律関係、交通事故が起きたときの損害賠償、あるいは婚姻や親子、相続といった関係を規律しています。この説明の中にも出てくるのですが、民法には二つの基本的な性格があります。

民法のひとつの性格は、それが**私法**であるということです。私法というのは、私人と私人（個人としての人だけではなく、○○会社といった企業も含まれます）との関係を規律する法律です。法律には、憲法や行政法、刑法のように、国家との関係を規律する**公法**もありますが、民法はあくまで私人と私人との関係を規律するということです。この本で扱う契約も私人と私人との関係のものですから、契約に関する法（契約法）は私法だということになります。

もうひとつの民法の性格は、それが私法の**一般法**だということです。法律の中にも、より幅広く適用されるものと、もっと対象を限定して適用されるものがあります。前者を一般法、後者を**特別法**と呼びます。たとえば、私人間の関係を一般的に規律する民法に対して、建物の所有を目的とする土地の賃貸借等について規律している借地借家法は特別法だということになります。もっとも、こうした関係は相対的で、ある法律との関係では特別法であっても、さらにもっと対象が限定された法律との関係では一般法と位置づけられることはあります。しかし、民法は、私法の中では、最も対象が広い（対象を限定しない）法律であり、民法との関係で一般法に当たる法律はありません。その意味で、民法は私法の一般法だということになります。あんまり神経質に一般法ということの意味を考える必要はありませんが、ここではどのような私人間の関係でもとりあえずはまず民法が当てはまるということを理解しておいてください。

もっとも、「とりあえず」というのは、少々くせ者です。一般法と特別法については、「特別法は一般法を破る」（特別法が一般法に優先する）という関係があります。民法は、これこれの場合にこうなると規定していても、特別法がそれとは異なることを規定している場合、それが優先することになります。もっともこうした関係は実際にはもう少し複雑で、特別法が民法のルールを実際に修正する場合もあれば、特別法で定められたルールとともに、民法のルールがなお適用されるという場合もあります。ここでは、あまり神経質にならずに、民法が私法の一般法であるということ、特別法がある場合には、そのルールが原則として優先的に適用されるという程度の関係で理解しておくことにしましょう。具体的な特別法が出てきたところで、そこでのルールが民法のルールとの関係でどのようになるのかということを個別に見ていけば足りると思います。

## ■民法と呼ばれる法律——民法典

六法を開いてもらうと、どんなに小さい六法でも、そこに民法という法律を見出すことができます。こうした法律としての民法を、一般的に**民法典**と呼びます（民法とだけ呼ぶ場合もあります。法律の表題は「民法」ですから、それで間違いではありません）。

民法を学ぶ場合に、その中心となるのは、この民法典です。そう説明すると、民法＝民法典ではないのか？という質問を受けそうです。たしかに、法律としての民法と民法典は同じ意味です。しかし、一般的に民法という場合、もう少し広い意味で、民法典以外の色々な特別法も含み、また、法律には明確には規定されていない**判例**（最高裁判所の判決を中心に裁判実務によって形成されたルール）を含めて、民法を考えています。

そんな民法のなかみをちょこっとだけ覗いてみることにしましょう。六法を開いて、民法を探してもらうと、通常、その最初の部分に目次があります。民法典は、一〇五〇条まであるかなり条文数が多い法律なので、目次もけっこう詳しいはずです。ちなみに、民法典は、一〇五〇条までありますが、それは民法典に含まれる条文の数が一〇五〇だということを意味するものではありません。私も厳密に数えたことはないので、本当は何ヶ条あるのかは知りません。ある条文が改正で削除されても、だからといって後ろの条文が前に繰り上がるわけではなく、単にその条文が削除されて、条文番号に空白が生じるだけです（たとえば民法三八条以下はごそっと削除されて、三七条の次の条文は八五条です）。また、改正で新しい条文が追加されても、後ろの条文が繰り下がるわけではなく、必要があれば、〇条の二、〇条の三というように、**枝番号**というのを追加して、これまでの条文の間に挟み込みます。これは改正があるたびに条文の番号が変わってしまうということを避けるためです。同じ民法四一五条という条文が、年によって、その内容が異なるというのでは困りますよね（その判決で引用されている四一五条は現在の四二三条ね、でもこの本が書かれた当時だと四一八条の二だったよね……などという鬱陶しい状況を考えてみてください）。

さて話が横道にそれましたが、民法典の目次で、一番大きなくくりが、第〇編というものです。具体的には、第一編「総則」、第二編「物権」、第三編「債権」、第四編「親族」、第五編「相続」という五つの編が用意されています。

いまは詳しく知る必要はありませんが、**物権**というのは所有権などの物についての権利で、第二編には、所有権とはどんな権利なのか、所有権が移転するのにはどんなことが必要なのかといったことが規定されています。

また、**債権**というのは、特定の人（債務者）に特定の行為（債務の履行）を求める権利です。第三編では、こうした債権がどんな場合に成立するのか、債権を持っている人（債権者）は債務を負っている人（債務者）に対してどんなことを求めることができるのかといったことが規定されています。

また、第四編には婚姻や親子といった家族に関するルールが、第五編には相続に関するルールが規定されています。

## ■債権法改正

民法典は、本書の最後に触れるようにほぼ一二〇年前に作られ、その時々で必要に応じて改正されてきました。ただ、本書の中では、そうした個々の改正とは区別して、「**債権法改正**」という形で触れる部分が出てくると思います。これは二〇一七年（平成二九年）に成立し、二〇二〇年（令和二年）四月一日から施行されている債権法に関する改正を指しています（もちろん、債権法に関する改正はこれだけに限られませんから少々違和感のある表現かもしれませんが、この改正のみ、本書では**債権法改正**と呼ぶことにします）。この改正は、債権に関する広汎な内容を対象としているというだけではなく、債権等についての基本的な考え方についての変更も伴うものです。そのため、現在の基本的な考え方を理解するためにも、必要に応じて、債権法改正前の状況に触れて、債権法改正によってどのように変わったのかを説明する予定です。

# 第2章　民法典の構造

## ■民法典のしくみ――パンデクテン方式

さて、民法典には、五つの編があると説明しましたが、さきほど具体的に説明したのは、第二編から第五編までだけでした。その前に、第一編「総則」（**民法総則**と呼びます）が用意されています。ここには第二編から第五編までのすべてについて当てはまる一般的なルールが規定されています（第四編、第五編に、第一編がそのまま適用されるかについては少々難しい問題がありますが、いまは考えないことにしましょう）。

ところで、こうした「総則」は、民法の第一編だけに出てくるわけではありません。たとえば、第三編「債権」の第一章はやはり総則（**債権総則**と呼びます）です。また、これに続く第二章「契約」を見てもらうと、その第一節はやはり総則（**契約総則**と呼びます）です。と、まだ終わりではありません。その後に出てくる第三節（売買）の第一款（かん）もやはり総則です。つまり、階層を掘り下げていっても、それぞれのところで共通ルールを括りだした総則が用意されているというわけです。

こうしたしくみを**パンデクテン方式**と呼んでいます。あまり聞いたことがない言葉かもしれません。この言葉の元になったのは、ローマ法大全（さまざまなローマ時代の法をまとめたものです）の中に含まれる著名な法学者の見解を整理した**学説彙纂**（いさん）（Digesta, Pandectae）と呼ばれる部分です。もっとも、この学説彙纂そのものには、こんな風に総則が用意されているわけではありません。色々な具体的なルールや判断が単純に並べられているだけです。こうしたローマ法は、まだ統一した民法典を持っていなかった一九世紀のドイツにおいて、一般的な法（「普通法」と呼びます）として勉強されていたのですが、その際、著名な法学者が、総則を設けて、中身を体系的に整理し直しました。これがパンデクテン教科書と呼ばれるものです。総則が置かれたパンデクテン方式というのは、ここからきた言葉です（ですから、パンデクテン方式というのは、パンデクテン教科書の方式ではあっても、パンデクテンの方式ではありません）。

さて、こうしたパンデクテン方式ですが、このメリットとデメリットについて考えることにしましょう。

まず、メリットですが、共通するルールを括り出すことによって全体を体系化することができる（矛盾したルールが生じにくい）、さらに、重複が不要となるので条文の数が少なくなるということが考えられます。もっとも、色々な国の民法典を見ると、必ずしもパンデクテン方式をとっているか否かで条文の多さが決まっているわけではありません。まったく同じことを規定しようとすれば、パンデクテン方式の方が条文の数が少なくなるはず……という程度のものでしょう。

他方、デメリットは少々深刻です。これから契約法を勉強しようという諸君には、少々やっかいな状況をもたらします。さきほど触れたように、民法の第三編・第二章（契約）の第三節「売買」には、売買に関する規定が設けられています。しかし、売買に関することは、この部分だけを見ればいいのかというと、そうは問屋が卸しません。売買を含む契約に共通のルールは、第三編・第二章・第一節（契約総則）にも規定されているし、契約を含む債権に共通のルールは第三編・第一章（債権総則）にも、さらに、民法全体に共通のルールは第一編（民法総則）にも規定されているからです。具体的に示すと、以下のようになります。

第一編　総則
第三編　債権
　第一章　総則
　第二章　契約
　　第一節　総則
　　第三節　売買

わかりやすい「売買」だけではなく、総則に規定されたルールも知らないと売買についてのルールはカバーされないということになります。これは実に面倒ですね。特に、多くの大学のカリキュラムでは、第一編（民法総則）は「民法総則」、第三編・第一章（債権総則）は「債権総論」、第三編・第二章（契約）は、「債権各論」という授業で扱いますから、実は、ひとつの授業だけでは売買についての説明は完結しないということになります。

実は、こんなこともあって、契約法入門と称する本書は、第三編・第二章（契約）だけではなく、第一編（民法総則）と第三編・第一章（債権総則）を含めて説明しようとしているわけです。もっと細かいことは、さらに教科書や体系書で勉強してもらうとして、まずは、どこにどんな規定が置かれているのかについて、大雑把な地図を作ることが大切ですし、そのための説明だということです。

# 第Ⅱ部　契約の意義と基本原則

契約という言葉は、それほど難しい言葉ではありません。みなさんが頭の中に思い浮かべる契約のイメージやその意味は、たぶんそう大きく間違っているものではないと思います。ここでは、そうした契約に関するルールが民法の中でどのように規定されているのか、また、契約にはどんな種類があるのか、そして、契約をめぐる原則としてどんなものがあるのかといったことを見ながら、契約というものを少し身近に感じられることをめざすことにしましょう。

なお、この第Ⅱ部では、民法の第三編・第二章・第一節（契約総則）に規定されている内容のほか、簡単ですが、消費者の保護に関わる特別法についても取り上げます。

# 第3章　民法と契約法——契約法として規定されていること

## ■各所に置かれた契約に関するルールの内容

第2章で説明したパンデクテン方式は抽象的であまりピンとこなかった諸君も多いだろうと思います。具体的に民法典の中で、契約に関するルールは、どのように規定されているのでしょうか。

一番わかりやすいのは、すでに説明したように、民法の第三編・第二章（契約）です。ここではまさしく「契約」という見出しがついているのですから間違いありません。

しかし、第一編（民法総則）は契約を含めて全部に当てはまるルールですから、ここに書かれていることも契約についても当てはまる規定だと言えます。実際、そこでは有効な契約を締結することができる能力や契約を締結するについて錯誤や詐欺があった場合について規定されています。

また、民法の第三編・第一章（債権総則）は契約を含む債権関係について規定していますから、これも契約についても当てはまる規定です。ここでは契約によって成立した債権について、どんな効力が認められるのか、複数の者の間での債権はどんな関係になるのか、あるいは、債権はどんなふうに消滅するのかといったことが規定されています。

もっとも、パンデクテン体系との関係では、以上のように民法の第一編（民法総則）、第三編・第一章（債権総則）が契約にも関わってくるということになりますが、本当は契約を理解するためには、それだけでは足りません。たとえば、契約の中でも最も身近なものは売買だと思いますが、売買では権利の移転が問題となります。たとえば、中古自動車を売る、土地を売るという場合には、その所有権の移転が問題となります。ここでは所有権の移転がどのようになされるのか、それはどのように実現できるのか等が重要となりますが、これについては、民法の第二編（物権）で定められています。本書は欲張りに、「――を兼ねた民法案内」とまで大言壮語していますので、こうした物権のルールについても、ごく簡単にですが触れる予定です。

## ■契約と法律行為

第一編（民法総則）では契約を締結する能力等についての規定があると説明しま

したが、実際に条文を見てもらうと、「行為能力」だとか「法律行為」だとかについて書かれています。**行為能力**というのは、**法律行為**をすることができる能力なので、肝心なのは法律行為という言葉です。

法律行為というのは、一定の法律上の効果（**法律効果**と呼びます）の発生に向けた意思表示のことを言います。ずいぶん堅苦しい言い方ですが、たとえば、AとBとの間でAの所有する車をBに売るという効果を発生することに向けたABの合意（契約）も、そうした法律行為としての意思表示だということになります。したがって、契約も法律行為なのだということになります。「じゃぁ、法律行為なんてなじみのない言葉を使わずに契約と言えばいいじゃないか！」ということになりそうですが、法律行為には契約以外のものも含まれます。たとえば、たった一人の意思表示（**単独行為**）が法律効果を生じさせる場合がそうです。通常は、誰かが勝手に意思表示をしても、それに応じた効果が生じるわけではありません。しかし、例外的にそうした単独行為でも法律上の効果を生じさせる場合があります。遺言がその代表的な例です。ここでは契約のように意思表示の相手方はいません。つまり、法律行為というのは、契約も遺言のような単独行為も含むものであり、法律行為について規定されたルールは、契約にも単独行為にも当てはまるということになります。より一般的なルールとしての「総則」というイメージを体現しています。もっとも、ここでは法律行為についてのルールも契約についてのルールなのだという程度の理解で結構です。

**遺言（いごん）と遺言（ゆいごん）**

ちなみに本文で言及した遺言ですが、法律学の世界では、「いごん」と読むのが通常です。もっとも、「ゆいごん」と読んでも間違いではありません。古い法律学事典を調べていたら、ある事典では、「いごん」のところで遺言の説明をして、「ゆいごん」を見ると、「いごんを見よ」となっていました。他方、別の事典では、逆に「ゆいごん」のところに説明があり、「いごん」のところでは、「ゆいごんを見よ」となっていました。

私自身は、あまり業界のみで通じる表現や読み方は好きではないのですが、遺言（いごん）は民法で規定されている遺言、遺言（ゆいごん）はもう少し広い意味での一般的なものと考えればいいのではないかと思っています。

　たとえば、「私が亡きあとは父／母に孝養を尽くせ」といった遺言は、法定されていない内容だから（遺言としてどのような内容について定めることができるのかについては民法で定められています）、遺言としては無効だという説明もよくされるのですが、これも無効だとまで言って切り捨てる必要はなく、遺言としてはあり得るものだし、多くの場合に遺族に尊重されるであろうけれど、それを遺言として法的に強制する方法はないという程度の理解でいいのではないかと思っています。

**■債権と物権**　ところで、これまでの説明の中でも、債権と物権という言葉が出てきました。これは民法を理解するうえでも、ごく基本的で重要な言葉ですから、簡単に説明しておくことにしましょう。
　**債権**というのは、特定の人（**債務者**）に対して特定の行為（債務の履行）を求めることができる権利です（この権利を持っている人を**債権者**と呼びます）。たとえば、AがBに一〇〇万円を貸したという場合、期限が来れば、AはBに対して一〇〇万円の返済を求めることができます（とりあえず面倒なので利息の

ことは考えないことにしましょう)。また、CがDに車を一〇〇万円で売って引き渡したという場合、CはDに対して一〇〇万円の売買代金の支払いを求めることができます。このAやCが債権者、BやDが債務者で、AやCは債務者であるBやDに対して一〇〇万円の支払いを求めることができるというのが債権です(もっとも車については、買主であるDが債権者で、売主であるCが債務者となります)。

他方、**物権**というのは特定の物に対する排他的な権利で、その代表的なものは**所有権**です。さきほどの例で、通常は、売主であるCは車を所有しています。そして、売買契約によってCからDに所有権が移るということになります。

こうした債権と物権にはいくつかの基本的な性格の違いがあります。

まず、債権は特定の人(債務者)に対する権利で、あくまで債務者に対してのみ行使することができます(特定の人に対する効果しかないという意味で**対人的効力**と呼びます)。他方、所有者は、誰に対しても、自分が所有権を有しているということを主張することができ(主張するためにどんな要件が必要かという問題はありますが、ここでは気にしないことにしましょう)、他の人はその所有権を尊重し、それを侵害することはできません(これを物権の**対世的効力**と呼びます)。

それから、あまり一般的には説明されることはありませんが、物権と債権は、その役割の果たし方(権利の実現のしかた)にも違いがあるように思います。債権は、最終的に債務者に履行を求める権利なのですから、債権が履行によって消えることに最終的な目的があります。みなさんが私に対して一〇〇万円の貸金債権を持っているという場合、みなさんは未来永劫、その債権を持っていたいと思うでしょうか。もし、そう思う人がいるなら、すぐにご連絡ください。私は是非、その人にお金を借りたいと思います。だって、未来永劫、その債権をみなさんが持っているということは、私による履行はなされないということなのですから。返さなくてよい借金、なんて素敵な言葉でしょう！ 債権は通常は履行されて消えていくことに、その存在意義があると言えそうです。他方、所有権は、まさしく将来に向けてそれを持っているということ自体に意味があります。所有権を持っていれば、未来永劫、その妨害を排除したり、返せと言ったりすることができるからです。もちろん、実際にはもっと微妙なものはあるのですが（債権としての賃借権は存在することに意味がありそうですし、ちょっと難しくなりますが本書の最後の方で触れる担保物権としての抵当権は、それが担保している債権が弁済され、それによって消滅することに意味があると言えそうです）、ここでは典型的な場面だけをとりあえず理解することにしましょう。

ところで、法律の世界でよく使う言葉に、「当事者」と「第三者」という言葉があります。

## ■契約と第三者との関係

**当事者**というのは、ある法律関係に直接関与する者です。契約の場合であれば、売買契約の売主と買主、賃貸借契約の貸主（賃貸人）と借主（賃借人）が、こうした当事者に該当します。

他方、それ以外の者を**第三者**と呼びます。もっとも、この説明だと、契約当事者以外の者がぜんぶ第三者になるので、第三者の数は果てしなく多いことになります。ただ、実際に契約に関連して問題となる第三者は、当事者ではないものの、やはり契約と一定の関係がある第三者です。

たとえば、ＡとＢが売買契約をして、ＡからＢに目的物甲の所有権が移転し、その後、Ｂが甲をＣに譲渡したという場合、ＡＢ間の売買契約についてはＡとＢが当事者で、Ｃは第三者ということになります。ちなみに、ＢＣ間にも甲の譲渡に関する契約がありそうですし、そのＢＣ間の契約についてはＢとＣが当事者で、Ａが第三者ということになります。

契約は当事者を拘束し、当事者間で効力を生ずるものですが、特に、その契約が無効だったり、取り消されたりした場合、第三者との関係も問題となります。上記のケースでは、ＡＢ間の売買契約によりＢに甲の所有権があるということを前提にＣが甲の所有権を取得したわけですが、ＡＢ間の契約が無効だったり、取り消されたりした場合、Ｃが得たはずの甲の所有権はどうなるのだろうか、といった形で問題となります。

これ以外にもさまざまな形での第三者が問題となりますが、契約が無効だったり、取り消されたりした場合を含めて、以下の説明の中でその都度考えていくことにしましょう。

# 第4章　契約の種類

## ■契約自由の原則——典型契約と非典型契約

ところで、民法の第三編・第二章（契約）には、贈与、売買から始まって、終身定期金、和解まで一三種類の契約について規定されています。これらは、ひな形としての意味を持っていますが、契約は、ここで規定された一三種類に限定されるわけではありません。このように法律に規定されている契約類型を**典型契約**（**有名契約**）と呼びます。しかし、それ以外の**非典型契約**（**無名契約**）（ここでの有名・無名というのは、famousかどうかではなく、法律に名前があるかないかというだけのことです）も存在し、それらも有効な契約です。たとえば、学校との間で締結される在学契約も、判例は非典型契約のひとつだとしています。

ここで重要なのは、非典型契約も有効な契約であり、民法典に規定されていないからといって、その効果が否定されるわけではないということです。

あとで説明するように、色々な契約を作ることは当事者の自由です。あらゆる契約を民法の中で規定することはできませんし、あまり意味もないでしょう。ただ、民法典に規定されている契約を見ていくと、いくつかに整理をすることができそうですし、それは民法典に規定されていない契約にも当てはまりそうです。そんな契約の種類について見ていくことにしましょう。

## ■有償契約と無償契約の意義

最初に有償契約と無償契約の区別に触れることにしましょう。**有償契約**というのは、両当事者が対価的な意味を有する給付をなす契約を言います。たとえば、売買や賃貸借は有償契約です。売買では売主は目的物の権利を買主に移転し、買主はそれに対する対価（代金）を支払うことになります。また、賃貸借では貸主は目的物を一定期間借主に利用させ、借主はそれに対する対価（賃料）を支払うことになります。

他方、**無償契約**というのは、一方の給付に対して、相手方からの対価的な意味を持った反対給付がないものを言います。たとえば、贈与や使用貸借です。贈与者（贈与をした人）は一方的に受贈者（もらった人）に権利を移転するだけであり、また、使用貸借の貸主は一方的に借主に目的物を使用させるだけだからです。なお、使用貸借という言葉は、あまり一般的な用語としては馴染んでいないと思いますが、こうした無償で目的物を利用させる契約です。

こうした有償契約と無償契約の区別には、どんな意味があるのでしょうか。この区別は、地味だけれど（その区別を示す規定を探すのが少々難しいのですが）、とっても大切な意味を持っています。第三編・第二章・第三節・第一款（売買総則）の最後に置かれた民法五五九条は、「この節の規定（筆者注―売買という節の規定です）は、売買以外の有償契約について準用する」と規定しています。したがって、売買に置かれた規定は、売買という契約についての規定であると同時に、原則として、その他の有償契約にも適用されることになります。この本の最初の方で、パンデクテン方式という鬱陶しい、もとい体系的な構造について説明しましたが、売買の規定は、売買という典型契約のひとつについての規定であると同時に、有償契約総則という意味も併せ持つということになるわけです。したがって、売買以外の有償契約、たとえば賃貸借や請負について調べる場合、民法総則や債権総則以外にも、売買のところも念のために確認する必要があるということになります。

**■双務契約と片務契約の意義**　次に重要な区別が、双務契約と片務契約の区別です。**双務契約**というのは対価的な意味を持った債務を双方が負担するもので、**片務契約**というのはそうではないものです。

気をつけてほしいのは、単純に債務が双方に生じるのか、一方にのみ生じるのかという区別ではないということです。言葉のせいもありますが、よく間違えてしまうところです（もっとも、この点については若干の議論があります）。

たとえば、賃貸借では、目的物を一定期間借主に利用させるという債務が貸主に生じ、それに対して貸主に対価（賃料）を支払うという債務が借主に発生しますから、双務契約です。それに対して、使用貸借では、すでに説明した通り、一定の期間、借主に利用させるという貸主の債務しかありませんから、片務契約です。もっとも、合意によって使用貸借が成立した場合、貸主は目的物を借主に引き渡す義務を負い、使用貸借の終了後、借主は目的物を貸主に返還する債務を負うのだから、双務契約だと思われる人がいるかもしれません。貸す債務と返す債務という点だけをみれば、そのようにも見えそうです。しかし、こうした目的物の往復は、貸借という関係において当然の前提となるもので、使用貸借でも、賃貸借でも同様です（貸すために引き渡すことと、返すために引き渡すことが、対価的な関係にあるわけではありません）。そのうえで、使用貸借や賃貸借においては、「目的物を利用させる」という貸主の給付が、契約関係によって基礎づけられる本質的な部分です。それに対して対価的な関係を有する債務があるか否かによって、双務契約か片務契約かが区別されることになります。

こうした双務契約と片務契約の区別の意義ですが、いくつかの規定が双務契約を前提としています。これはたとえば、**同時履行の抗弁権**についての規定【Ⅲ②：五三三条】は双務契約についての規定です。これはたとえば、売主が商品を引き渡してくれるまで代金の支払いを拒むことができる、あるいは、買主が代金を支払ってくれるまで商品の引渡しを拒むことができるというものですが、これは両方共に対価的な意味の債務があることを前提とした規定です。また、明示されていなくても、そうした規定がありますし【Ⅲ②：五三六条】、また、本書の最後の方で説明する解除も、もっぱら双務契約においてのみ問題となります（相手方の債務不履行があった場合、契約関係を解除することができますが、たとえば、贈与や使用貸借において贈与者や貸主が履行してくれないからと解除することには意味がありません。もらえなくなることが確定するだけだからです。売買や賃貸借のように、相手方の債務不履行を理由に解除して、自分自身も負っている債務から解放されることに意味があるのです）。

### ■ 契約による給付の内容——民法の並び方

最後に、契約は、どのような内容の給付を目的としているかという観点にも触れておくことにしましょう。実は、民法典もそうした観点から契約を整理しているからです。第三編・第二章（契約）には、一三種類の典型契約が用意されていると言いましたが、大雑把に整理すると、以下のようになりそうです。

❶ 目的物の権利移転を目的とする契約──贈与、売買、交換
❷ 金銭等の消費利用を目的とする契約──消費貸借
❸ 目的物の利用を目的とする契約──使用貸借、賃貸借
❹ 役務の提供を目的とする契約──雇用、請負、委任、寄託
❺ その他──組合、終身定期金、和解

この中で、❶と❸は、これまでの説明からも理解できるだろうと思います。また、金銭の貸し借りなどの❷が❶と❸の間に挟まっているのは、消費貸借の場合、貸借とは言っても、目的物（金銭）についての権利はいったん借主に完全に移って（だからこそ、借りた人はそのお金を使うことができます）、その後で、その物自体ではなく、同種・同量の物を返還するという点で、権利移転型と利用型の中間に位置づけられるからです。

なお、❶❸のように、それぞれの類型の中に無償契約（贈与や使用貸借）と有償契約（売買、交換や賃貸借）が含まれる場合には、無償契約が先に規定されています。これは、より単純な法律関係だということによるからだろうと思いますが、私たちの社会において一般的なのは経済的な合理性によって支えられている有償契約ですから、逆の順番で規定するということも考えられそうです。この本の中でも、有償契約を先に説明して、必要に応じて、いわば例外とも言える無償契約については簡単に触れることにします。

なお、その後の❹は、役務（サービス）を提供するというのが給付の内容です。もっとも、こうした役務提供型の契約として四つの典型契約が規定されていますが、その相互の関係は必ずしもきちんと整理されているわけではありません。この点についてはあらためて説明します（↓一六八頁）。

最後の❺は「それ以外」ということになります。少々乱暴な整理で申し訳ありません。内容的には面白い問題もあるのですが、ごく基本的な契約関係を説明したいと考えている本書では省略することにします。

# 第5章　契約をめぐる原則

**■契約自由の原則**　契約は、原則として、当事者が自由に合意して締結することができます。こうした契約自由の原則は、当事者の自由な合意を委ねることが望ましいという考え方を基礎にしています。これは、近代の自由主義の考え方によって基礎づけられるものです。つまり、当事者の交渉に委ねることによって、全体として、適切な結果が得られるという考え方です。契約自由の原則については、自由主義経済を前提とする民法における当然の原則として理解されてきましたが、債権法改正で民法の中でも規定が置かれました【Ⅲ②：五二一条、五二二条二項】。

こうした契約自由の原則は、その内容として、①締結の自由（締結するか否かを自由に判断することができ、また契約の成立についても方式が求められるものではないという自由です）、②相手方選択の自由、③内容の自由（価格等、契約の内容は当事者が自由に決めることができる自由です）が含まれます。つまり、どのような内容の契約を誰と締結するかは基本的に自由だし、契約の締結を強制されるものではなく、また、契約内容についても当事者が自由に定めることができるというのが、契約自由の原則だということになります。

もっとも、実際の契約については、こうした契約自由の原則がそのまま当てはまるわけではありません。この一週間を振り返って、みなさんが締結した契約、あるいは現在も継続している契約として何があるかを考えてください。

継続している契約としては、たとえば、(a)アパートを借りているという賃貸借契約、(b)在籍する大学との在学契約、(c)地方自治体の水道局などとの間で締結される水道の利用契約等、さまざまなものがありそうです。また、単発の契約としては、(d)スーパーで総菜を買った、(e)コンビニで飲み物を買った、あるいは、(f)大学に通うために電車を利用した等々が考えられそうです。

さて、この中で、みなさんが対価等について交渉する余地があるのは、(a)くらいでしょうか。明日も買いに来るからと言っても、(d)や(e)で安い値段になるということはなさそうです（ご近所のごく小さな八百屋さんとか魚屋さんであれば別かもしれません）。また、(f)において追加で二〇〇〇円払うから座席に座らせろとか、二年分の料金をまとめて払うから安くしろと言っても、奇妙な顔をされるか、非常識な人だなぁと思われるだけでしょう（あまりしつこいと、警察に通報される可能性があります）。最後の例について言えば、似たような内容がオプションで用意されているような場合には（グリーン車や指定席、長期契約割引）、その範囲でそうした選択が認められるにすぎません。

## ■契約自由の原則と日常生活での実態

結局、そうだとすると、契約自由の原則といっても、肝心の内容決定の自由は実際には存在していないのではないかということになりそうです。さらに言えば、相手方選択の自由だって、鉄道が一種類しかないとか、電気や水道の供給契約を考えると、それほど選択肢があるわけではありません。理念とは別に、実際の状況がそうしたものだということはまず確認しておく必要がありそうです。

契約締結の自由については、法律で一定の場合には制限されています。たとえば、水道やガス等の供給のように生活基盤を支える契約については、相手方によって契約の締結を拒絶することはできません。また、お医者さんの診療に関しても、正当な事由がなければ拒んではならないとされています（医師の応召義務と呼ばれます）。また、契約内容についても、公共交通機関の運賃などは国の認可などを通じて、適正な料金とするためのコントロールがなされています。

**■定型取引と定型約款**　ここで説明したように、私たちの日常生活に溢れる大量の契約のほとんどは、当事者が契約内容について交渉して合意に達するといったものではなく、事業者が一方的に用意した契約内容を前提とするものです。事業者にしてみれば、不特定多数を相手方とする契約において、一々契約内容を定めるのではなく、定型的に処理することは全体としてのコストの低減にもつながります。

民法は、不特定多数の者を相手方として行う取引で、その内容の全部または一部が画一的であることがその双方にとって合理的なものを**定型取引**と、そこで用いられるものを**定型約款**と呼び、これについての規律を設けています。これは債権法改正で加えられたものです（**約款**そのものはもう少し広い概念で、あらかじめ定型的な内容が定められている契約あるいはその契約における個々の条項を指します）。

もともと、こうした約款については、なぜ利用者がそれに拘束されるのかという理論的問題があったのですが、民法は、定型約款を契約内容とする旨の合意をしたとき、または、定型約款を準備した者があらかじめ定型約款を契約内容とする旨を表示していたときに、定型約款に含まれる個別の条項についても合意したと扱われるとしています。前者は当たり前のことですから、後者がこの規定のポイントということになるでしょう。なお、この要件に該当するとしても、通常は認められる相手方の権利を制限したり、義務を加重したりする条項で、取引上の社会通念等に照らして信義則に反するものについては合意が認められないとされています【Ⅲ②：五四八条の二】。

また、定型約款の変更についても、それが相手方の一般的利益に適合し、変更が契約目的に反するものではなく、変更の必要性等に照らして合理的なものである場合には、一方的な変更も可能とされています。

比較法的に見ると、約款についての規律は、約款の拘束力を認めることと引換えに、その規制についても踏み込んだ規律が用意されるのが一般的です。たとえば、約款の解釈について争いがある場合には、約款作成者に不利な解釈がなされるといったルール（約款の解釈における**作成者不利の原則**）はかなり広く認められていますが、債権法改正では、そうした規律の導入は見送られました。このような点から見ると、民法の中に用意された定型約款の規定は、相手方の保護についての一定の配慮はあるものの、あまり十分なものとは言えないようにも思われます。

なお、こうした約款が用いられる場合が少なくない事業者と消費者との契約については、別途、消費者契約法による規律も用意されています。これについては、次に扱うことにしましょう。

契約自由の原則は、それぞれの者が自由に交渉して、その内容を合意していくという世界を前提とするものです。基本的な考え方としては、もちろん十分に説得的ですが、しかし、現実の社会とはかなりずれがあります。定型約款のところでも触れたように、実際に、私たちの日常生活の中では、企業が提供する契約を受け入れるか否か（利用するか否か）という程度の選択しかありません。実際に、コンビニでパンを買おうとしても、あるいは、バスに乗ろうとしても、そこで対価について交渉するという場面を考えても、それはかなり困難なはずです。そんな交渉をすると他の人（後ろで順番を待っている人）に迷惑だというだけではありません。みなさんにとってはパンを買う必要性、そのバスに乗る必要性が高いとしても、お店やバス会社にとっては、みなさんと契約をする必要性はそれほど高いわけではないので、そうした交渉をすることにメリットはありません。他の人と契約すればよいだけです。また、値段の合理性についても、みなさんはそれほど多くの情報を持っているわけではなく、説得的な交渉は困難でしょう。このように消費者と事業者の間では情報力、交渉力に格差があることを前提として、それを是正するものとして制定された特別法が**消費者契約法**です。

## ■消費者契約法という特別法

この消費者契約法というのは特別法ではありますが、非常にカバーされる範囲が広いものです。消費者契約法が適用される要件は、対象となる契約が消費者契約だということだけです（約款によるものだという制限もありません）。**消費者契約**というのは、**消費者**と**事業者**との間で締結される契約です【消費者契約法二条三項】。ここで問題となるのは、消費者とは誰で、事業者は誰かということですが、まず、会社などの**法人**は、当然に事業者だとされます。したがって、私の勤務する神戸大学は事業者です。神戸大学

がトイレットペーパーを買うとか、入試等の業務の際に監督者のためにお弁当を注文するという場合、特に事業者としてのノウハウを持っているわけではないと思いますが（あるのかもしれません。あったら、失礼！）、そういう場合でもあくまで事業者として扱われます【消費者契約法二条二項】。他方、通常の人（**自然人**と呼びます）は、原則として消費者として扱われます。ただし、事業としてまたは事業のために契約の当事者となる場合には、事業者として扱われます【消費者契約法二条一項】。つまり、八百屋を営んでいるAさんが自分のお店でカボチャを売るときは事業者ですが、同じAさんがスーパーでトイレットペーパーを買うときは消費者だということになります（なぜいつもトイレットペーパーなんだ？、などと質問してはいけません）。

さきほども、ここ一週間にみなさんが締結した契約あるいは締結している契約について考えてもらいましたが、そのほとんどは消費者契約ということになるだろうと思います。したがって、消費者である私たちを基準に考えると、消費者契約法というのは特別法だとはいっても、あらゆる場面で適用されるものだということになるのです。

それでは、消費者契約法は、具体的に消費者をどのように保護しているのでしょうか。ここでは契約の成立に関する消費者契約法のルールと契約内容に関する規制についてごく簡単に触れることにします。

なお、消費者契約法には、ここでまったく触れない適格消費者団体による差止請求権等、消費者の利益を守るためのしくみも用意されていますが、ここでは省略します。

■契約の成立に関する消費者契約法による規制　ひとつは、契約の成立に関してのルールです。消費者契約法は、以下に説明するように、一定の場合に、契約締結の意思表示の撤回、取消しを認めています。民法もあとで説明するように、こうした取消し等を規定していますが、消費者契約法はそうした契約の成立についての特則を用意しているわけです。たとえば、契約における重要事項について事実と異なる説明がされ、そのために契約を締結した場合、訪問販売で居座られたり、キャッチセールスで帰りたいと言ったのになかなか解放してくれないといった場合、あるいは、加齢等によって判断能力が低下している消費者の生活の維持に対する不安をあおって契約を締結させるような場合、契約の申込みや承諾の意思表示を取り消すことが認められます【消費者契約法四条】。

消費者契約法四条については、実際にはもう少し詳しくさまざまなタイプのものについて規定されていますが、これらについては本格的に契約法の勉強を始めたところで学んでもらうことにして、ここではそうしたしくみが用意されているということだけを確認しておくことにします。

■契約内容に関する消費者契約法による規制　もうひとつは、契約の内容に対する規制です。ここでは、消費者に不利な一定の内容の条項は無効とされます。これにもいくつかのものがあります。事業者の責任を減免する規定（**免責条項**と呼びます）について、消費者を過度に不利な立場に置くもの等（故意や重過失の場合でも責任が軽減されるといった条項や、事業者がまったく責任を負わないとする条項など）【消費者契約法八条】、消費者が負担する損害賠償について、事業者に平均的に生ずる損害以上のものを損害賠償の予定として負わせるもの【消費者契約法九条】、さらに、「法令中の公の秩序に関しない規定の適用による場合に比して消費者の権利を制限し又は消費者の義務を加重する消費者契約の条項であって、民法第一条第二項に規定する基本原則に反して消費者の利益を一方的に害するもの」【消費者契約法一〇条】は、その全部または一部が無効とされます。

これらについても、消費者契約法の規定はもう少し詳しく定めていますが、それについては契約法の勉強に本格的に取り組み始めてから学んでほしいと考えています。

ただ、ここでは消費者契約法一〇条について、もう少しだけ補足しておきたいと思います。消費者契約法は、さきほど触れたように、「法令中の公の秩序に関しない規定」を基準として消費者に不利かどうかを判断しています。これは**任意規定**を基準として判断するということです。任意規定というのは、法律には規定されているけれど、当事者が合意すればそれと異なったことも有効に定めることができるというタイプの規定です（任意規定については、のちほどもう少し詳しく説明します）。こうした任意規定は、本来は当事者が何も定めていない場合に、契約内容を定めるものという程度のかなり弱い位置づけのものだったと思います。しかし、この消費者契約法一〇条は、そうした任意規定を基準として消費者に不利かどうかを判断し、場合によっては契約の全部または一部を無効とするわけですから、これによって任意規定の位置づけは、少なくとも消費者契約においては大きく変化したように思われます。任意規定は単なるひな形ではなく、そのひな形の中には実質的な公平性等が含まれているということになるからです（だからこそ、消費者契約における判断基準として機能するのです）。もちろん、その場合でも、のちほど説明する**信義則**（民法一条二項は、「権利の行使及び義務の履行は、信義に従い誠実に行わなければならない」と規定しています。これを信義則と呼びます）に照らして判断されるので、ちょっとでも任意規定に違反したら契約が無効になるというわけではありません。ただ、ここで述べたような消費者契約法一〇条の有している意味については確認しておきたいと思います。

■ **消費者契約法以外の特別法**　消費者契約法は、すでに説明したように大変に包括的な法律ですが、それ以外にも消費者の保護に向けた特別法があります。**特定商取引に関する法律**（**特定商取引法**）や**割賦販売法**などがこれに該当します。これらについては、そこで規定されているいくつかのルールのうち面白そうなものだけを取り上げておきます。

まず、**クーリングオフ**というしくみです。これはみなさんも聞いたことがあるかもしれません。これは、契約から一定の期間は、その契約を「やーめた」と言うことができるしくみです。クーリングオフというのは、もともとは頭を冷やすという意味で、冷静になってみると、馬鹿な買い物をしてしまったという場合に、契約から離脱することを認めるものです。このクーリングオフは、さまざまな特別法に規定されており、その期間は必ずしも一律ではありません。なお、訪問販売や割賦販売ではクーリングオフが認められますが、通信販売やネット販売では認められていません。これは、本来、ゆっくり考える時間があるはずで、わざわざ頭を冷やすことは必要ではないからです。まぁ、そうは言いつつ、私も夜中、お酒を飲みながらパソコンに向かっていて、CDやレコードを次々とポチってしまい、それらが届くたびに、「おぉ〜」と思うことを重ねています。なお、一部の通信販売では、購入後、一定期間は契約を自由に解除することを認めていますが、これは法律上のクーリングオフではなく、当該通信販売における約款に基づくものです。

次に、**ネガティブ・オプション**についても触れておくことにしましょう。ネガティブ・オプションは、一方的に商品等を送りつけて、「不要であれば一週間以内に連絡してください。連絡がなかった場合には購入を承諾したものとみなして売買契約が成立します」といったものです。

このネガティブ・オプションについてまず確認しておきたいのは、特別法の規定がなくても、これによって契約が成立することはないということです。契約が両当事者の合意によって成立するというのは、契約に関する最も基本的なルールであり（というより、契約の本質そのものであり）、返事をしなければ同意とみなすといったことを一方の側が決めることはできません。したがって、商品が送られてきて一週間が経過しても、売買契約が成立するわけではありません。

もっとも、少々やっかいなのは、契約が成立しないとしても、送られてきた商品は依然として送付者の所有物だという点です。送った側は返還を求めることができますし（具体的に、誰の費用で何ができるかは別問題として）、また送られてきた側で勝手に処分することはできません。このままでは困りますよね。

特定商取引法では、注文や契約をしていないにもかかわらず、金銭を得ようとして一方的に送りつけられた商品について、送り主はもはや返還を求めることができないとされました【特定商取引法五九条】（従来は、商品の送付から二週間が経過すると送り主はその商品の返還を求めることができないと規定されていたのですが、令和三年の改正で、こうした期間が撤廃されました）。特定商取引法自体は、送り主が「返還を請求することができない」と規定しているだけですが、これは送りつけられた商品をただちに処分できるということを意味します。ここでいう処分とは、廃棄する以外にも、自分自身で消費すること、売却することと等も含まれます。なお、ネガティブ・オプションによって契約が成立することはありませんから、代金を支払う必要がないことは当然です（こうしたことについて、消費者庁からは、「一方的な送りつけ行為への対応三カ条」が発表されています。よかったらインターネットで検索してみてください）。

■**信義誠実の原則**　契約に関わる原則として、ここでは**信義誠実の原則**（**信義則**とも呼びます）についても触れておくことにしましょう。

民法の中には、**一般条項**と呼ばれる規定があります。これらは法律要件や効果について抽象的・一般的に定めた規定です。そうした一般条項のひとつが信義誠実の原則です（他には、これに続けて説明する**権利濫用の禁止**やもう少し後で説明する**公序良俗**などがあります）。

民法一条二項は、「権利の行使及び義務の履行は、信義に従い誠実に行わなければならない」と規定しています。ここでは具体的にどのような場合がこれに該当するのか、それに違反したらどうなるのかということについて明確に規定されているわけではありません。その点で、一般条項とされるわけです。なお、信義誠実の原則を規定する民法一条二項は「行わなければならない」と規定し、後述の権利濫用の禁止を規定する同条三項は「許さない」と規定していますが、このように○○をしなければならないといった**命令規範**や○○をしてはならないといった**禁止規範**（これらを合わせて**行為規範**と呼びます）だけを規定するというのは、法的なルールの中では例外的です。法律家の思考としては行為規範が前提となっているとしても、それに違反した場合にどうなるのかが重要だからです（刑法も「人を殺してはいけない」と規定しているのではなく、「人を殺した者は、死刑又は無期若しくは五年以上の懲役に処する」と規定しているのです【刑法一九九条】）。

こうした一般条項は、民法の中でも最も基本的なルールを定めているという点では非常に重要なものだと言うことができます。しかし、同時に、その内容が非常に抽象的なものであるために、具体的な事案でこれが適用されるとどうなるのかということについて、すぐにわかるわけではありません（ルールを適用した場合の判断についての予測可能性が低いと言い換えてもいいでしょう）。そのため、通常は、個々の契約やもっと具体的な法律の規定を用いた問題の解決を考えて、それでも妥当な結論が得られない場合に、あるいは、そうした個々の契約や個別の規定の適用から導かれる結論がどうしても受け入れられないような場面で、こうした一般条項が使われることになります。

## 信義誠実の原則と権利濫用の禁止

民法一条二項の信義誠実の原則に続けて同条三項に規定されているのが権利濫用の禁止です。そこでは、「権利の濫用は、これを許さない」と規定されています。権利濫用の禁止は、たとえ権利があってその行使だとしても、それが濫用だとされる場合には、その権利行使が認められないというものです。たとえば、意図的に他人の権利や利益を妨害することを意図して、土地の一部を購入して妨害排除請求権を行使するといった場合が例として挙げられます。

もっとも、過去に権利濫用の問題とされた事案の中には、現在ではそもそも権利の濫用だとするまでもなく、通常の不法行為として扱えばよいと考えられるものもあります。また、本文で示したように信義誠実の原則によって権利行使が認められないという説明もあり得る以上、権利濫用の禁止が信義誠実の原則から独立して機能する場面（信義誠実の原則では解決できず、権利濫用の禁止によって判断する必要があると考えられる場面）は、そう多くはないのかもしれません。

# 第III部　契約の成立

ここでは、契約がどのように成立するかを扱います。

この第 III 部で扱う内容は、民法の中では少し散らばっています。契約の成立については、前回に引き続いて民法の第三編・第二章・第一節（契約総則）の規定も問題となりますが、契約を成立させるために不可欠な意思表示については、第一編（民法総則）の中で規定されています。また、契約を成立させるうえで必要な能力のほか、代理についても、第一編（民法総則）で規定されています。

# 第6章　契約の成立

## ■合意（申込みと承諾）による契約の成立

契約は、原則として、当事者の合意によって成立します【Ⅲ②：五二二条】。このように合意だけで成立する契約を**諾成契約**と呼びます。通常は、「甲を一〇〇万円で買いたいのですが」、「それでは甲を一〇〇万円で売りましょう」、あるいは、その逆のような形で契約が成立します。この最初の意思表示、つまり相手方が承諾すれば、それで契約を締結させるという意思表示を**申込み**と呼びます。そして、そうした申込みに対して、それに応じる意思表示を**承諾**と呼びます。実際には、もっと色々なやりとりがあって契約が成立するという場合もあると思いますし、どれが申込みでどれが承諾かということを意識しないこともあるかもしれません（たとえば、ネットで商品を購入する場合、どれが申込みでどれが承諾かといったことが問題となります。わが国では、商品を購入するためのボタンを押す行為、いわゆる「ポチる」と呼ばれている行為が申込みであり、それに対して商品の購入の意思表示を受信した旨の返信メール等が承諾だと考えられています。もっとも、この点は国によっても考え方はさまざまです）。少々乱暴な説明ですが、さしあたり両当事者の意思表示が合致することで契約が成立するということ、その場合において、契約が成立したと判断される意思表示が承諾、そのひとつ前の相手方の意思表示が申込みということになると考えておけばよいでしょう。

なお、申込みのさらにひとつ手前のものとして、**申込みの誘引**と呼ばれるものがあります。たとえば、賃貸アパートの空き室表示や求人広告がこうしたものだと考えられています。この場合、借りたいとか勤務したいと言ってきても、それに必ず応じなければならないものではありません。どんな人に貸すか、どんな人に勤務してもらうかは、その人柄等にも応じて判断されます。したがって、「借りたい」、「勤務したい」という意思表示が申込み、それに対して、相手が応じれば、それが承諾だということになります。空き室表示や求人広告は、その一歩手前のもの、申込みをしてくださいという趣旨のもので、これが申込みの誘引です。もっとも、タクシーの空車表示が不特定多数に対する申込みなのか、申込みの誘引なのか等々、悩ましい場面は色々とありそうです。一応、タクシーの空車表示は申込みで、歩道に立っている人が手を挙げて乗る意思表示をした以上、それで契約は成立し、タクシーは停車して乗客を乗せなければならないという説明はできそうです（道路運送法一三条は、事業者が申込者であることを前提に、事業者に運送の引受義務を課しています）。ただ、タクシー乗り場に明らかにものすごい泥酔状態の人がいる場合に、この説明を貫けるかというと、乗車を断りたいというタクシーの運転手さんの気持ちも理解できないわけではありません。さて、こうした場合の法律関係がどうなるのかということは、ちょっと面白い問題です。

### ■契約の成立について適用される民法の規定

こうした契約の成立について、民法は、どのように規定しているのでしょうか。

まず、申込みと承諾については、民法の第三編・第二章・第一節（契約総則）の中で色々と規定されています。かなり細かいことが規定されているのですが、面倒なので省略します（この部分の規定は、他の部分とのバランスからみても非常に詳しいように思います。その背景のひとつには、民法典が成立した当時は、遠隔地における契約の成立はもっぱら郵便によるものであり、それに要する時間も長かったこと、また不着のトラブルも現在よりはずっと多かったという状況があったのだろうと思います）。

また、ここでは**懸賞広告**についても規定されています。これはある行為をした者に一定の報酬を与える旨の広告をした場合の法律関係です。たとえば、写真付きで、「わが家のワンちゃん〇〇を見つけてくれた人には、金〇万円のお礼を差し上げます」といった広告（張り紙）がこれに該当します。この場合、その行為をした者がその広告を知っていたかどうかにかかわらず、該当のワンちゃんを見つけた人に報酬を与えなければならないことが規定されています【Ⅲ②：五二九条】。当然のことであるとは思いますが、承諾が申込みに対するものであるという原則からは例外と位置づけられることになるでしょう。

また、契約の成立については、民法の第一編（民法総則）の意思表示の規定も関わってきます。たとえば、郵便のように発信と到達でタイムラグがある場合に（この点がかなり神経質に規定されていた背景には、さきほど説明した民法典の成立当時の事情もあるでしょう）、意思表示はどの時点で効力を生じるの

かといったことが規定されています（意思表示が到達した時とされています【Ⅰ：九七条】。意思表示の**発信時**に対して**到達時**と呼ばれます）。それだけではなく、誤解していたり（錯誤に陥っていたり）、騙された場合に意思表示がどうなるのかということも、ここで規定されています。これについてはもう少し丁寧に説明する必要があるので、のちほど独立した項目を設けて説明することにしましょう。

## ■要物契約と要式契約

これまでの説明では、契約は合意によって成立するということを前提としてきました。契約は当事者の合意によって成立するものですから、こうした諾成契約が契約の中心であることは間違いありません。もっとも、契約の中にはそれ以外のものもあります。

まず、**要物契約**というのは、契約が成立するために物の引渡し等が必要だとする契約です。金銭の貸し借りのような消費貸借契約は、借主が貸主から「金銭その他の物を受け取ることによって、その効力を生ずる」とされているので【Ⅲ②：五八七条】、原則として要物契約です。

次に、**要式契約**というのもあります。これは、単なる合意だけではなく、一定の方式が契約の成立のために必要とされるものです（要式の式は方式の式です）。たとえば、契約の成立のためには書面が必要とされる場合がこれに該当します。さきほど触れた消費貸借は、書面による場合には、物の引渡しがなくても成立します。したがって、この場合の消費貸借は要式契約だということになります。また、本書の最後の方で説明する保証契約も、書面によることが求められており【Ⅱ①：四四六条二項】、要式契約です。

**■契約における履行不能の問題**　本来であれば、契約の有効性という項目で扱う方がいいのかもしれませんが、そちらでもちょっと居心地が悪いので、ここで契約によって生じた債務の履行不能の問題について簡単に触れておきたいと思います。

**履行不能**というのは、契約に基づく債務（厳密に言えば、契約による債務に限定されませんが、ここでは契約による債務を考えてもらえば十分です）を履行することができないという状況を指します。たとえば、別荘の売買契約をしたけれど、実は契約の前日に、その別荘は放火で焼失していたという場合（はじめから不能だったたという意味で**原始的不能**と呼びます）、あるいは、契約後、その引渡しまでに別荘が焼失したという場合（債務成立後の不能だという意味で**後発的不能**と呼びます）が考えられます。

債権法改正前は、原始的不能の場合には契約は無効だと考えられていました。契約（法律行為）の有効要件に契約の目的が履行可能であることが含まれていたからです（もっとも、それについて明確な規定があったわけではありません）。しかし、債権法改正によって、これは明示的に否定されることになりました。あくまで契約は有効に成立しているのであり、履行ができないことによる債務不履行責任等を論じればよいということになったのです（ちょっとわかりにくいかもしれませんが、「契約に基づく債務の履行がその契約の成立の時に不能であったことは、……損害の賠償を請求することを妨げない」という民法四一二条の二第二項の規定は、原始的不能であっても、契約は有効に成立していることを前提としています。そのうえで、履行不能である以上、その履行そのものを求めることはできないということが規定されているのです【Ⅲ①：四一二条の二第二項】）。

また、債権法改正前は、特に債務者に帰責事由（とりあえず故意や過失を考えておいてください）がない後発的不能の問題は、**危険負担**の問題になるとされていました。これは、双務契約において履行不能となった債務の反対債務はどうなるのかという問題です。たとえば、売主の債務が後発的に履行不能となった場合（目的物が自然災害で消滅してしまい、売主は目的物を買主に移転することができなくなった場合）、買主の代金債務はそのまま残るのか、消滅するのかといった問題です。この説明を聞いてもピンとこない人が多いと思いますが、これは帰責事由がなく履行不能となった場合、その債務は消滅するということを前提としたものでした。一方の債務（売主の債務）が消滅するのだから、それに応じて、反対債務（買主の債務）も同様に消滅するのかどうかが問題となったわけです。

もっとも、一方債務が履行不能となった場合、それが当然に消滅する（あるいはしない）と考える必然性はありません（少なくとも唯一の考え方ではありません）。必要があれば、解除によって契約を終了させることもできます。債権法改正では、こうした基本的な考え方がとられて、危険負担についての規定はなくなりました。改正後の民法五三六条には、「債務者の危険負担等」という見出しがついていて、「残っているじゃないか！」と言われそうですが、中身は、当事者双方に帰責事由がなく一方債務が履行不能となった場合に、相手方は反対債務の履行を拒むことができると規定しているだけで、履行不能による債務の消滅を前提とした規定ではありません（その意味では、正直な感想としては、あまりよい見出しではないと思っています）。

色々と説明して、かえって混乱してしまったかもしれませんが（こうした本で、改正前の状況についてどこまで説明するのかは非常に悩ましいのです。多くの場面ではあまり触れないようにしていますが、履行不能と契約の関係はかなり基本的な考え方の問題ですので、あえて触れることにしました）、現在では、原始的不能、後発的不能のいずれについても、当然に契約が無効になるとか債務が消滅すると考えるのではなく、あくまで有効な契約であることを前提として、履行ができないということについての問題の解決を考えるということになります。

# 第7章　契約のために必要な能力

## ■契約が有効に成立するために必要な能力

契約は原則として当事者の合意によって成立すると説明しましたが、それではどんな人であっても（幼稚園に通う五歳の幼児であっても、一六歳の高校生であっても、あるいは精神的な障害によって判断能力が乏しい人であっても）、またどんな状況であっても（泥酔状態でほぼ正常な判断ができないような状況であっても）、契約が締結された以上、その契約は有効に成立して、当事者を拘束するものなのでしょうか。それが契約についての能力の問題です。ここでは権利能力と意思能力、行為能力という三つの能力に触れ、あわせてそうした能力を欠く場合のサポートのしくみについても簡単に触れることにします。

## ■権利能力

まず、契約の当事者となるためには、**権利能力**が必要です。権利能力というのは、権利義務の主体となることができる能力です。この権利能力は、出生に始まるとされているので【I：三条一項】、生まれたばかりの赤ちゃんでも、重度の精神的な障害によって判断能力が著しく乏しいという場合でも、当然に権利能力は認められます。たとえば、生まれたばかりの赤ちゃんであっても、所有者（所有権の帰属主体）となることが可能ですし、事故の被害者となった場合には自分自身の損害賠償請求権を有します。また、たとえば売買における売主や買主等、契約の当事者となることも可能です。

もちろん、実際の契約がどうやってなされるのかということになりますが、こうした人でも誰かが代理し（あとで説明するように、状況に応じて法定代理人が定められています）、その代理人が契約を締結することで、その人に契約当事者としての効果（契約の効果）が生じることになります。

なお、これは通常の人（**自然人**）の場合ですが、これ以外にも権利能力が与えられて権利義務の主体となり得るものがあります。たとえば、○○銀行や○○商事といった会社、あるいは、国や自治体は、一般的な意味での人ではありませんが、売買契約の当事者となったりすることが可能です。こうした自然人以外のもので権利能力を認められたものを**法人**と呼びます。自然人以外に、権利能力を与えるためのしくみが法人だと言い換えることもできます。

**■意思能力**　次に契約との関係でもう少し実際にも問題となりそうなのが、**意思能力**です。生まれたばかりの赤ちゃんでも権利能力は認められると説明しましたが、たとえば、相続等によって大層な預貯金を持っている五歳の子どもが、「自分が持っているお金を全部おじちゃん（＝私）にあげるよ」と言って、「そうかそうか、ありがとう」と私が言ったとしても、それで贈与契約が成立したというのはあんまりでしょう。また、私がほぼ泥酔状態で何もわからない状況で、「よっしゃー、その連載を引き受けた！」と言っても、それで連載の執筆についての何らかの契約が成立したというのは、ちょっとあんまりだという気がします（過去にそれに近い状況があったことを告白します）。

さて、余計な話が長くなりましたが、意思能力というのは、自分の意思表示がどのような法律上の意味を有するかについて理解できる能力のことです。こうした意思能力を欠いた状態でなされた法律行為（契約）は無効です【I：三条の二】。これについて三つのことを補足しておきましょう。

第一に、意思能力がない場合に法律行為が無効となるというのは、従来からも当然だと考えられていましたが、債権法改正でこのことが明記されました。ただ、意思能力がどんな能力なのかについては、民法三条の二は何も触れていません。そのため、何歳くらいから意思能力が認められるのかということはあまりはっきりしません。もっとも、法律行為の内容によって、その意味を理解するのに必要な能力も変わってくるはずですから、何歳くらいから意思能力が認められるのかという問題の立て方自体、あまり適切ではないのかもしれません。

第二に、この意思能力があるかないかについては、次に説明する行為能力と違って、明確な年齢のルールもなく、また、事前に何らかの手続を経ていなければいけないわけでもありません。三歳の子どもは、何の手続をしなくても、意思能力はないものと扱ってよいでしょう。また、私は通常は意思能力を有しています（そう思っています）が、夜○○時以降は、しばしばさまざまな原因によって意思能力を失っています。これも、どこかに申告するとか、裁判所の判断をもらうとかしなくても、意思能力なし！ということで扱われます。

なお、意思能力について規定しているのは民法三条の二ですが、この「の二」というのが第1章で説明した枝番号です（↓一二頁）。それまでにあった権利能力についての民法三条と行為能力についての四条との間に、新しく意思能力についての規定が置かれたわけです。新しく意思能力の規定を挿入したからといって、それが新しい四条になって、行為能力についての従来の四条が五条になるのでは、非常に混乱します。それを避けるための方法が枝番号です。

## ■行為能力

生まれたばかりの赤ちゃんでも契約当事者になることができるとは説明しましたが、それではどうやったら契約を締結することができるのでしょう。この場合には、他の誰かの手を借りなくてはなりません。それがあとで説明する代理という制度です。それでは、そうした他の人の手を借りずに契約を締結することができるためには、どういう能力が必要とされるのでしょうか。それが**行為能力**です。行為能力が制限されている者の行為は、あとで取り消すことなどが可能です。行為能力というしくみは、契約の取消しなどを認めることで判断能力が乏しい弱者を保護するという側面とともに、誰が行為能力を有するのか（誰が行為能力を制限されているのか）を定型的に判断できるしくみを用意することによって取引の安全（相手方の保護）を図るという意味もあります。

さて、民法は、行為能力について、以下のような類型とそこでのルールを定めています。これを理解するためのポイントは、①そこでは行為能力がどのように制限されているのか、②行為能力が制限された人についてどのようなサポートが用意されているのかという二つです。

## ■未成年者の行為能力

まず、未成年者であっても、意思能力があれば、契約の締結などの法律行為をすることは可能です。しかし、未成年者が法律行為をする際には、原則として**法定代理人**の同意を得なければなりません。この同意が欠ける場合には、未成年者が行った法律行為を取り消すことができます【I：五条】。その意味で、未成年者が有効な法律行為をなす能力、つまり未成年者の行為能力は制限されているわけです。

ところで、ここで法定代理人という言葉が出てきました。未成年者の法定代理人としては二つのタイプのものがあります。

第一に、多くの場合には、その未成年者の親です。もっとも、厳密に言うと、単に親子関係があるというだけではなく、**親権者**である必要があります。両親が婚姻関係にある場合には両親ともが親権者ですが、離婚した場合には、その一方のみが親権者となります【IV：八一九条】。ちなみに、親権というのは、子が未成年である場合に限っての概念です（成人に達した者の親は親権者ではありません）。ところで親権者が法定代理人になるということは、民法の第四編（親族）の第四章（親権）の中で、「親権を行う者は、子の財産を管理し、かつ、その財産に関する法律行為についてその子を代表する」という形で規定されています【IV：八二四条】。

第二に、**未成年後見人**です。未成年者に親権を行う者がいない場合など（たとえば、両親が事故で亡くなってしまった場合など）、後見が開始し、未成年後見人が定められます。この未成年後見人も法定代理人となります。

さて、以上のことをふまえて再確認しておくと、未成年者が確定的に有効な契約の当事者になるためには、二つの方法があるということになります。

ひとつは、すでに述べたように、法定代理人の同意を得て契約を締結するという方法です。たとえば、高校生であっても、携帯電話の契約をすることは可能ですが、その場合には、法定代理人（多くの場合には親権者）の同意書が求められることになります。

もうひとつは、法定代理人が本人（未成年者）に代わって契約を締結するというものです。これはあらためて説明しますが、代理（代理の中でも**法定代理**というものです）というしくみを使って契約を締結するというものです。

**■成年後見制度**　未成年者以外にも、たとえば認知症等、精神上の障害によって十分な判断ができないという場合が考えられます。もっとも、その場合も十分な判断ができないという程度は、人によって異なるでしょう。民法は、こうした判断能力が十分ではない程度に応じて、成年被後見人、被保佐人、被補助人という三つのカテゴリーを用意して、それぞれについて行為能力がどのように制限されているのか、それぞれについてどのようなサポートのしくみが用意されているのかを規定しています。

いずれの場合も、一定の判断能力の不足が要件とされていますが、そうした能力の不足があれば、当然に成年被後見人等になるわけではありません。後見開始、保佐開始、補助開始についての家庭裁判所の判断（**審判**）が必要とされます。これは、一方で判断能力が乏しい人を保護する必要があるとともに、誰について行為能力が制限されているのかがはっきりしないと取引の安全が害されるということにもよるものです。

こうしたしくみを見ていく際には、①その人はどのような法律行為をなすことができるのか、②その人が法律行為をした場合どのように扱われるのか、③その人に代わって他の人が法律行為をすることができるのか、といった点に注意して見ていくといいでしょう。

なお、未成年の場合もそうでしたが、成年後見等についても、これらに関する規定は、二箇所に分かれて置かれています。まず、その人についてどのように行為能力が制限されるのかといった点については、民法の第一編（民法総則）に規定されています。他方、その人に対してどのようなサポートがなされるのか、親権者や後見人は何ができるのかといったことについては、第四編（親族）に規定されています。親権は親子関係に由来する法律関係ですし、後見もかつては原則として配偶者等、親族が後見人になるということが前提とされていたために親族法に置かれたのですが、現在では、どうもあまり見通しのよい規定のしかたではないようにも思います。

■**成年被後見人**　成年に達してはいるが、精神上の障害により事理を弁識する能力を常に欠いている人について、家庭裁判所による**後見開始の審判**がなされると、その人は**成年被後見人**となり、法定代理人である**成年後見人**が付されることになります。

成年被後見人は、日用品の購入その他日常生活に関する法律行為については有効に行うことができます。もっとも、こうした行為であっても、精神上の障害が著しく、意思能力が欠如していると判断される場合には無効となります。それ以外の成年被後見人の行為は取り消すことができます【Ⅰ：九条】。未成年者の場合とよく似ていますが、かりに法定代理人の同意を得てなした法律行為であっても、取消しは可能です。

成年後見人は、法定代理人として、成年被後見人を代理して法律行為をなすことができます【Ⅳ：八五九条】。また、成年被後見人の行った法律行為を取り消すことができます【Ⅰ：一二〇条一項】。そして、成年被後見人の行った行為が適当だったと判断すれば、それを追認して、確定的に有効なものとすることも可能です【Ⅰ：一二二条】。ただし、すでに触れたように、事前の同意権はありません。したがって、事前に同意を与えていたとしても、成年被後見人の行った法律行為を取り消すことが可能です。

■**被保佐人と被補助人**　精神上の障害により事理を弁識する能力が著しく不十分である人（成年被後見人の場合の要件と見比べてみてください）について、**保佐開始の審判**がなされると、その人は**被保佐人**となり、**保佐人**が付されます。被保佐人は、借金や保証をすること、不動産の得喪を目的とする法律行為をすること等、民法に列挙された一定の法律行為をする場合には（家庭裁判所の判断で、同意が必要な行為を追加することもあります）、保佐人の同意を得なければなりません【Ⅰ：一三条】。保佐人の同意を得ないで被保佐人が行った法律行為は取り消すことができます。保佐人は、すでに述べたように同意権が認められていますが、それ以外に、取消権と追認権も認められています。なお、保佐人には、当然には代理権はありませんが、別途、審判によって特定の行為についての代理権が与えられる場合もあります。

精神上の障害により事理を弁識する能力が不十分である人（成年被後見人、被保佐人の要件と見比べてみてください）について、**補助開始の審判**がなされると、その人は**被補助人**となり、**補助人**が付されます。家庭裁判所は、被補助人が特定の法律行為をするには補助人の同意を得なければならないという審判をすることができます。ただし、そこで指定することができる行為は、保佐の場合に挙げられている行為の一部に限定されています【Ⅰ：一七条】。ここからも、補助が最も軽い行為能力の制限だということがわかるでしょう。

# 第8章　代理による契約の成立

**■代理の意義としくみ**　**代理**は、自らがしなくても、代理人によって契約の交渉をしたり、締結をしたりすることを可能とする制度です。ここでは、その代理の効果が帰属する本人、代理人、そしてその相手方という三人のプレーヤーが登場することになります。

代理は、本人が代理人に代理権を授与して、自分自身の活動範囲を広げるという場面でも使われますが（**任意代理**と呼びます）、それ以外にも、本人が単独では法律行為を十分になし得ない場合に、法律の規定によって代理権が与えられることもあります（法律の定める場合の代理ということで**法定代理**と呼びます。これについては行為能力が制限される場合のところで説明しました（→五九頁））。

代理の最も基本的な効果は、代理人による法律行為の効果が本人に帰属するということです。これは、任意代理でも、法定代理でも同じです。なお、代理は、代理人自身が一定の法律行為をすることを前提として（その法律行為の主体が誰なのかという難しい問題はありますが、とりあえず実際に契約を締結するのは代理人だということで納得してください）、その法律効果が本人に帰属するという関係です。

代理という法律関係を基礎づけるのには、いくつかのポイントがあります。

第一に、本人と代理人との間の関係を基礎づける**代理権**の存在です。これはすでに述べたように、本人が代理人に代理権を授与するという場合（任意代理）もあれば、法律の規定によって特定の者に代理権が与えられる場合（法定代理）もあります。

第二に、代理人が、代理人として、本人のために、相手方と法律行為をなすということです。この場合、その法律行為は本人のためのものであり、本人に効果が帰属するということを示すことが求められます。これを**顕名の原則**と呼びます。

なお、代理によくに似たものとして、**使者**があります。これは、単に、本人に言われたことを相手方に伝えるもので、自らが法律行為を行うわけではなく、代理ではありません。

■**無権代理**　代理人として法律行為をした者が実際には代理権を有していなかった場合、**無権代理**となります。この場合、当然ですが、その無権代理の効果は本人に帰属しません【I：一一三条】。

もっとも、無権代理人が勝手にやったことだけれど、本人にしてみると、「それでもいいじゃないか」と思うこともあるかもしれません。この場合、本人は、**追認**をすることで、その無権代理を遡って有効な代理とすることが可能です。他方、追認を拒絶すれば（**追認拒絶**と呼びます）、これは無権代理として確定します。

したがって、本人が追認または追認拒絶をするまでは、「無権代理だけど、追認があれば有効な代理になる」ということになり、相手方は不安定な立場に置かれることになります。そのため、無権代理だということが判明した場合、相手方は、本人に対して追認するかどうかを一定期間内に答えるよう求めることができます。そして、その期間内に返答がなかった場合には追認が拒絶されたものとみなされます【Ⅰ：一一四条】。また、相手方は無権代理を理由として、その契約を取り消すこともできます【Ⅰ：一一五条】。

## ■無権代理と相続

ちょっと応用問題になるのですが、追認と追認拒絶を考える面白い材料なので、無権代理と相続という問題について触れておくことにしましょう。

さて、すでに説明したように、無権代理であっても、本人が追認することで有効な代理だという法律関係に変化します。このように一方的な意思表示によって法律関係を変動させる権利を**形成権**と呼びます。追認も、この形成権のひとつです。また、本人が追認を拒絶すれば、無権代理だということが確定することになります。さて、こうした追認と追認拒絶ですが、この二つはそれなりに使い分けが必要となります。以下のような例で考えてみましょう。

設例　Aの代理人だと称してAの子Bが、Aに無断で、Cとの間でA所有の土地甲についての売買契約（AC間の甲の売買契約）を締結した。その後、以下のような事態が生じた。

❶　Aが死亡した。相続人はBのみである。

❷　Bが死亡した。相続人はAのみである。

❸　Aが死亡した。相続人は、BとAの配偶者Dである。

さて、この場合Aが本人、Bが無権代理人、Cが相手方ということになります。Bがどうして無権代理行為を行ったのか、色々考えられそうですが、それには立ち入らずに、それぞれの関係を考えてみることにしましょう。

なお、相続では単に財産や債務が相続人に承継されるというだけではなく、被相続人の法的地位も承継されることになります【V：八九六条】。したがって、❶であれば、Aの本人としての地位をBが相続により承継することになります。他方、❷では、Bの無権代理人としての地位をAが承継することになります。

まず、❶の場合、Bはもともと無権代理人であったわけですが、Aの本人としての地位も相続によって得たことになります。この場合、Bは、Aから承継した本人としての地位に基づいて追認拒絶ができるかが問題となります。結論から言えば、こうした追認拒絶ができないことについて争いはありません。無権代理行為をしておきながら、たまたま本人を相続したから追認拒絶できるというのは信義則に反するからです（他の説明もありますが、ここでは省略します）。

次に、❷の場合、Aはなるほど Bの無権代理人としての地位を承継してはいますが、自分自身が無権代理行為を行ったわけではありません。したがって、追認を拒絶するということも信義則に反するわけではなく、追認拒絶することも可能です。Aが追認を拒絶すれば、Bの無権代理が確定します。無権代理であるBによるAC間の甲の売買契約はAに帰属しませんから、AがCから売主としての債務の履行を求められることはありません。

最後に、❸の場合です。ここではちょっと注意が必要です。これまでの❶❷の説明では、追認拒絶権の行使が可能かという形で問題が検討されています。ところが、❸はやや異なります。この場合も、無権代理行為をしたBが追認拒絶権を行使することができないというのは❶と同じです。しかし、Dは別に追認拒絶しても構わないわけです。判例は、こうした場合について、追認権は全員が共同して行使する必要があるとして、無権代理人（この場合はB）以外の共同相続人全員（この場合はDだけです）が追認をすれば無権代理人は追認拒絶をすることはできないので、有効な代理となるが、他の共同相続人の一人でも追認拒絶をすれば無権代理が確定するとしています。つまり、この場合はDが追認拒絶をすれば、それで無権代理が確定することになります。

説明としては以上でほぼ尽きているのですが、これについて少しだけ補足しておいた方がよいでしょう。ここで示されているのは、そもそも追認拒絶できない無権代理人以外の共同相続人の全員が追認した場合にのみ、無権代理が追認され有権代理として本人に効果が帰属するということです。すでに述べたように、追認権は全員が共同して行使する必要があるということです。重要なのは、じやすいのですが、全員で共同行使することが求められているのは追認権についてで、追認拒絶権については全員での共同行使が求められているわけではありません（追認権と追認拒絶権の両方について全員で行使する必要があるということになると、追認も追認拒絶も確定的にできないという事態が生じます）。ですから、一人でも追認拒絶すれば無権代理が確定するわけです。❶や❷では追認拒絶権の行使に焦点が当てられていたのに、❸では追認権の行使に焦点が当てられるという点に注意する必要があります。

**■無権代理人の責任**　本人の追認を得られなかった無権代理人は、相手方の選択にしたがって、債務の履行または損害賠償責任を負います【Ⅰ：一一七条】。まぁ、無権代理をしたのだから、厳しい責任を負わされてもしかたないよね……ということかもしれません。

もっとも、無権代理であったことについて、代理人に責任がなかったという場合もないわけではありません。たとえば、さきほどの設例とは異なり、Aが実際にBに代理権を授与しており、Bはその代理権に基づいてAC間の契約を締結したのですが、実は、Aは別の登場人物であるEに強迫されてBに代理権を授与していたために、強迫を理由としてBへの代理権授与を取り消したといった場合が考えられます。この場合、Bへの代理権授与は遡って効力を失いますので（強迫を理由とする意思表示の取消しについてはあとで説明します）、Bの行為は無権代理だったということになります。この場合のBに非難されるところはありません。その点では、無権代理人の責任についての説明に関しては、もう少し丁寧に考える必要があるかもしれません。

ところで、さきほど無権代理と相続の説明の中で触れていなかったことがあります。無権代理人の責任を考えると、先ほど説明した無権代理と相続については、もう少し考えなければならない点が残っています。

設例の❷の場合、本人であるAは、追認拒絶をすることができるし、追認拒絶をすれば無権代理が確定し、AC間の契約の履行を求められることはないと説明しました。もっとも、Aは、無権代理人であるBの地位を相続によって承継しています。そうだとすると、追認拒絶をしたあと、どうなるのでしょうか。実は、Aは、無権代理人であるBの法的地位を相続しているので、Bが負担する無権代理人の責任からは免れることはできません。

この場合、もし相手方が履行を選択すると、土地甲の引渡しをしなければならないということになりそうです。結局、追認拒絶しても結果は変わらないではないか！ということになってしまいます。判例はややはっきりしないのですが、これについては、追認拒絶した以上、相手方の履行請求に応じて土地甲を引き渡す必要はなく、単に損害賠償責任を負担すれば足りるという考え方が一般的であるように思います。もともとBが死亡しなければ、Cは、Bに対して無権代理人の責任を追及することができただけですし、その場合、土地甲を所有していないBに甲の所有権の移転や引渡しを求めることはできません（厳密に言うと、求めることはできるのですが、実現することはできません）。Bの死亡という偶然のできごとによって、本来実現できたこと以上のことを認める必要はないというのが、こうした考え方の根拠となっています。

■**表見代理**　実際には代理人が代理権を持っていない無権代理であったとしても、相手にしてみるとちゃんと代理権があると思っていたし、そう信頼したことにも理由があるという場合に問題となるのが**表見代理**です。すなわち、無権代理ではあるとしても、相手方の信頼を保護すべき一定の場合には表見代理が成立し、代理としての効力が認められます。民法は、こうした表見代理として、三つのタイプのものを規定しています。

### ① 代理権授与の表示による表見代理

これは第三者に対して他人に代理権を与えた旨を表示した者は、その代理権の範囲内でその他人が第三者との間でした行為について、その責任を負う【I：一〇九条】、というものです。つまり、Aが「Bに◯◯についての代理権を与えた」とCに対して表示した場合、その◯◯の範囲でBがCとなした行為についてAが責任を負うというものです。厳密に言うと、ここでは代理権がないということは積極的に規定されていません。もちろん、実際に代理権が授与されていれば当然に代理が認められるので、ここで主として念頭に置いているのは代理権が実際には授与されていないにもかかわらず、こうした代理権授与の表示がされた場合ということになります（もっとも、実際に代理権が授与されている場合であっても、相手方としては、その代理権の存在の証明に代えて、代理権授与の表示がなされたということを証明することもできます）。

なお、相手方が無権代理であることを知っていた場合、あるいは、過失によって知らなかった場合には表見代理の成立は認められません（これを**悪意**または**善意有過失**と呼びます。訴訟における立証をめぐる問題を度外視すれば、相手方が**善意無過失**の場合に表見代理の成立が認められると言い換えてもいいでしょう）。

**善意と悪意**

法律学にどっぷりと浸かってしまうと、いつの間にか常識と外れていることに気がつかなくなることがあります。善意や悪意という言葉も、その典型的なひとつかもしれません。常識的な意味であれば、善意というのは「善良な心」、悪意というのは「他人に害を与えようとする心」です（いずれも広辞苑）。

それに対して、民法に出てくる善意は「ある事実を知らないこと」ですし、悪意は「ある事実を知っていること」を意味します。この善意や悪意には倫理的なニュアンスはありません。本文で説明した場合であれば、善意というのは無権代理であることを知らなかったこと、悪意というのはそれを知っていたことというだけの意味です。まぁ、こういう言葉になったのには歴史的な背景もあるのですが、しかし、あまりよい表現ではないかもしれませんね。

**② 権限外の行為の表見代理**　これは、もともと代理人には一定の代理権（これを**基本代理権**と呼びます）があったのですが、代理人がその権限外の行為をした場合において、第三者が代理人の権限があると信ずべき正当な理由があるというときに表見代理が成立するというものです【I：一一〇条】。つまり、AはBに自分が所有する不動産甲についての賃貸借契約を締結する代理権を付与していたのですが、BがAの代理人として、Cとの間で甲の売買契約を締結してしまったというようなケースが考えられます。実際に表見代理として問題となるのは、このタイプの表見代理が多いだろうと思います。

このタイプの表見代理は、表見代理の性格を最もよく示していると言えるかもしれません。表見代理のようなしくみでは、本人に効果が帰属するということを正当化する本人側の事情と、相手方の信頼が保護に値するというものだという二つの点がポイントになります（こうした表見法理の考え方についてはあらためて説明します）。この権限外の行為の表見代理では、次のように整理することができるでしょう。

まず、本人になぜ表見代理の効果が帰属するのか、言い換えれば本人はなぜそうした負担をしなければならないのかを基礎づけるのが基本代理権の存在です。そうした基本代理権を与えた以上、その基本代理権を超えた無権代理行為についてもまったく無関係だとするのではなく、そうしたリスクを負担する根拠とはなり得るというものです。

そして、もうひとつが相手方の正当な信頼です。上述の本人が責任を負担するという根拠はそれほど強いものではありません。どんな相手方との関係でも本人の責任を認めることが正当化されるわけではありません。民法は、相手方が「代理人の権限があると信ずべき正当な理由がある」ときに限って、その保護が認められるとしているのです。たとえば、上述のBに甲の売買についての代理権がないということをCが知っていた場合にCを保護する必要はありませんし、また、Cがそうしたことを知らなかったとしても注意をすればそれに気がついたはずだという場合にも、正当な理由は否定されて、表見代理の成立は認められません。

こうした本人が責任を負担する根拠と相手方の正当な信頼の保護という二本の柱は、①と③でも同様に認められます。①と③の説明に照らして、それを考えてみてください。

**③ 代理権消滅後の表見代理**

これは、他人に代理権を与えた者は、代理権の消滅後にその代理権の範囲内においてその他人が第三者との間でした行為についても（すでに代理権は消滅しているので無権代理です）、表見代理が認められるというものです。ただし、すでに代理権が消滅していることを相手方が知っている場合、あるいは、過失によって知らなかった場合には表見代理の成立は認められません。

### 本人が負担する責任と相手方の保護要件

ここで触れる内容は、契約法入門の範囲を超えるものかもしれませんが、民法における問題を考える際に重要な視点を示していると思うので、少しだけ触れることにします。

法人Aの従業員Bが自分には代理権があると偽って（会社の中でそうした権限を伴う地位にあると偽って）、AC間の取引をして、Cから代金や商品をだまし取ったという場合を考えてみましょう。この場合、Cが自分に生じた損害を回復するために複数の方法が考えられます。

① ひとつは、表見代理が成立するとして、Aに対して契約の履行を求めるという方法です。

② もうひとつは、使用者であるAに対して不法行為責任（使用者責任【Ⅲ⑤：七一五条】）を追及するという方法です。

さて、①の方法による場合、CはBが無権限であったということについて無過失であることが必要です。他方、条文には規定されていませんが、②の方法による場合、判例では、Cには無重過失が必要とされています。つまり、①と異なり、Cに過失があっても、それが重過失でない限り、②の方法によることは可能だということになります。その点では、②の方がCにとってては容易だということになります。もっとも、それでは②の方が①より有利かというと、そう簡単には言えません。②では契約内容の履行そのものを求めることができるわけではなく、あくまで損害賠償を求めることができるだけです。その際には損害を実際に立証しなければなりませんし、また、過失（これは重過失に限りません）があれば過失相殺によって賠償額が減らされます【Ⅲ⑤：七二二条二項】。つまり救済の効果は②の方が①より限定的だということになります。

このようにひとつの問題について複数の解決方法が考えられることは少なくありませんが、そうした場合に要件と効果のバランスが図られているということは意識しておくとよいでしょう。

# 第Ⅳ部　契約の無効と取消し

契約は合意によって成立します。しかし、そうして成立した契約が何らかの理由で無効となったり、あるいは、何らかの理由で取り消されたりすることがあります。その一部（意思能力の欠如を理由とする無効や行為能力が制限されていることを理由とする取消し）についてはすでに説明しましたが、ここでこうした無効と取消しについてまとめて説明しておくことにしましょう。

ここでは、民法の第一編（民法総則）の中で「法律行為」について規定されている内容を取り上げることになります。

# 第9章　契約の有効・無効

**■契約の無効原因**　契約が当事者の合意によって成立したとしても、一定の場合には無効とされます。私が学生時代に勉強したときは、契約の**有効要件**として、①内容の確定性、②実現可能性、③社会的妥当性、④適法性を挙げて説明することが多かったように思います。もっとも、②については、最初から履行ができない契約であっても、そのことだけで無効となるわけではないということが債権法改正で明確に示されましたし【Ⅲ①：四一二条の二】、また、①の内容が確定していない契約はそもそも成立していないのではないか、そうだとすると成立していない契約について有効要件を論じるというのも奇妙な気がします。そんな観点から、ここでは③と④に絞って説明することにしましょう。

ところで、右の説明では契約の有効要件と言っているのに、この項目のタイトルは「契約の無効原因」となっています。契約が有効だといっても無効だといっても、結局、表裏の関係なのだからどっちでもよさそうですが、ここで無効としているのは、民法の規定がそうなっているからです。つまり、民法は、当事者の合意があり成立した契約について、一定の要件が備わると有効となるとしているのではなく、成立した契約について一定の事情（**無効原因**）があると無効になるとしているのです。

これは実際に訴訟の場面では大きな意味を持ちます。契約の有効性が問題となっているというケースがあるとしましょう。契約当事者であるAが「この契約は有効だ」と主張し、Bが「いや無効だ」と主張しているとします。有効要件が備わってはじめて契約は有効になるのだとすると、Aの側で、そうした有効要件が備わっているということを立証する必要があります。その立証ができないと契約は有効になりません。他方、無効原因があると契約は無効になるのだとすると、Bの側で、その無効原因が存在することを立証する必要があります。その立証ができないと契約は有効だとされます。どっちでも同じように見えますが、実は、AとBの両方ともがちゃんと立証できないという場面を考えると、両者で結論が変わってくることになります。有効要件だとすれば、Aが積極的に立証できない以上、Aの負けです（Bも積極的に立証できていないということは考慮されません）。他方、無効原因だとすれば、Bが積極的に立証できない以上、Bの負けとなります。こういった**立証責任**は、実際の紛争を解決するうえでは重要な意味を持ってきます。

**立証責任と盟神探湯**

立証責任について触れるときには、ついつい盟神探湯（くかたち・くがたち）に触れたくなってしまいます（ですから、色々なところで書いています。他でも書いていることに気がついても見逃してください！）。盟神探湯について、広辞苑は、「神明裁判の一種。古代、裁判上、真偽正邪を裁くのに神に誓って手で熱湯を探らせたこと。正しい者はただれず、邪（よこしま）な者はただれるとする」と説明してい

ます。まぁ、あんまりじゃないか！とは思いますが、これも事実関係がわからないときの立証についてのひとつの方法だったわけです。

もちろん、現代では、こんな乱暴な方法はとられていません。もっとも、いくら科学技術が進歩した現代でも、わからないことはいっぱいあります。争っている両者の言い分が異なる場合、過去のすべてを見渡せる全知全能の神の目を持っていない限り、「わからない」という状況が考えられます。売買代金の支払いを求めるAが契約は有効だと主張し、支払いを拒むBが売買契約は無効だと主張している、そして事実関係を調べてみてもどうもよくわからない、という状況を考えてみてください。このときに、それを解決するのが立証責任です。代金の支払いを求めるためには契約が有効だということを立証しなければならないとすれば、その立証に成功しなかったAはBに支払いを求めることはできません。他方、支払いを拒むためには無効だということを立証しなければならないということになると、Bの側で無効原因があることを立証しなければなりません。真偽不明のときの結論は大きく変わってくるわけです。

さて、ここで盟神探湯について触れたのは、実は我々の問題の本質はそれほど変わっていないのではないかと感じているからです。立証責任というと盟神探湯とは違って因襲というような感じはしません。しかし、事実関係がわからない場合に何らかの方法で一方に決めなければならないという問題の本質は同じではないかということです。この場合、立証責任の方が合理的であるということは、一方が立証責任を負担するということがどれだけ合理的なのかということによって決まってくるのだろうと思います。ちなみに、私は盟神探湯を復活せよ！などという主張をしているわけではありません。念のため。

**■公序良俗違反**　こうした無効原因のひとつが、**公序良俗違反**です。もっとも、このことを規定する民法九〇条は、「公の秩序又は善良の風俗に反する法律行為は、無効とする」としか規定していません。このように包括的に基本原則のみを規定しているものを**一般条項**と呼びます。すでに説明した信義則もこうした一般条項のひとつです（→四三頁）。こうした一般条項は、多様なケースについて、その受け皿となるという点では非常に役割の大きなものです。しかし、一般条項は、同時に、非常に包括的な形で規定されているために、実際の結論がどうなるかが必ずしも予想できないという問題もあります。そのため、民法九〇条であれば、判例等を通じて、どういう場合が公序良俗に違反するのかをできるだけ明確にするという作業が必要となります。

公序良俗違反として古典的に想定されてきたのは、犯罪などに該当する違法性の高い行為（談合や覚醒剤の売買など）や道徳的に許されない行為（愛人契約等）でした。しかし、現在では、それ以外にも差別的な内容の契約（あるいは契約の中の条項）も無効とされています。たとえば、定年年齢を男性六〇歳、女性五五歳とする就業規則等は判例によって無効とされています。また、契約における対価をどのように設定するかは基本的に当事者の自由ですが、相手方の経験不足等につけ込んで著しい不平等を生じさせるような暴利行為についても無効とされています。

**■強行法規違反**　民法九一条は、「法律行為の当事者が法令中の公の秩序に関しない規定と異なる意思を表示したときは、その意思に従う」と規定しています。公序良俗に関する民法九〇条にくらべると、少々わかりにくい規定です。この規定は何を言っているのでしょうか。

この中では、「法令中の公の秩序に関しない規定」という言葉が出てきます。これと異なる意思表示をすれば、その意思に従うことになるとされるわけですが、こうした規定を**任意規定**と呼びます。任意規定についてはすでにちょっとだけ触れているのですが（→四〇頁）、これは一般的だと思われるルールを規定しているものですが、当事者がそれと異なる内容を定めれば、それでもいいですよという規定です。一般に、契約に関する規定の多くは任意規定だとされています。たとえば、建物や宅地の賃貸借での賃料の支払時期について民法は毎月末と規定していますが【Ⅲ②：六一四条】、これとは異なり、当事者が前月末払いという合意、あるいは、毎年末という合意をすれば、それが有効な賃料の支払時期だということになります。民法に用意された典型契約は、一般的にはこうだろうという当事者の意思を推定したものにすぎないのだとすれば、それと異なる合意がなされればそれによって法律関係が決まるというのは当然だと言えます。

ここで説明したとおり、民法九一条は、任意規定とは異なる意思表示をした場合、それによるということを規定しているだけです。もっとも、この条文は、その裏返しの関係として、「法令中の公の秩序に関する規定」と異なる意思表示については、その効力を否定するという意味を含んでいます。こうした規定を**強行規定**と呼びます。つまり、強行法規に違反することは無効原因となります。

こうした強行規定は、民法の中にも数多く含まれています。たとえば、前述の公序良俗に関する民法九〇条は強行規定です。契約当事者間で、「我々の間では公序良俗の規定は適用されない」という合意をしても、それは無効です。また、対世的効力を有する物権についての規定の多くは強行規定です。売買契約において売主と買主の合意で、買主ができることを制限したとしても（一定期間の転売の禁止等）、それは売主と買主の間での債権的な効力はありますが（買主は売主に対して、転売しないという債務を負います）、それによって所有権そのものの効力が修正されるわけではありません。さらに、親族や相続に関する規定の多くも強行規定です。「我々の価値観では、こうした婚姻も認められる」と言っても、民法の婚姻の要件を満たさない以上、婚姻が成立したとはされません（現在のように価値観が多様化する中で、そうした多様な価値観に対応した制度設計が考えられるべきだという主張はそのとおりなのですが、そうした制度設計を考える場合にも、やはり単に当事者が完全に自由にできるということではなく、一定の制度を前提とすることになるのだろうと思います)。

## ■無効となった場合の法律関係

ところで、公序良俗に違反した場合など、契約は無効だということ自体はそんなに難しくないのですが、そうした契約によってすでに何らかの物が与えられたり、代金が支払われたりしていた場合(給付がされている場合)、その給付については、どのように扱われるのでしょうか。ポイントは二つあります。

第一に、無効である契約に基づいて給付されたものについては、原則として**不当利得**が問題となります。不当利得というのは債権の成立原因のひとつで(契約と不当利得のほかに、事務管理と不法行為があります)、**法律上の原因**がなく利得が生じた場合、それによって損失が生じている者に返さなくてはならないというものです。売買代金を受け取るのであれば、そこでは売買契約という法律上の原因があるので、それを返す必要はなく、そのまま持っていることができます。しかし、前提となる売買契約が無効だとしたら、その法律上の原因が失われますから、そこで受け取った代金や物を返さなくてはなりません。さて、契約が無効だった場合、このように不当利得の問題となるのですが、これについて民法は、もう少し立ち入った規定を置いています。そこでは、無効な契約に基づいて給付を受けた場合、相互に原状回復の義務を負うということが規定されています。したがって、無効である契約に基づいて代金を支払ったり、物を引き渡したりしていた場合には、それを返還するということになります(規定には明示されていないのですが、物が滅失していた場合には、その価額を支払うべきものと考えられます)。ただし、契約が無効だということを知らなかったときは、現に利益を受けている限度で返還すればよいということ、また、意思能力を有していなかった者、行為能力が制限されている者についても同様だとされています【I：一二一条の二】。「現に利益を受けている限度で」というのは難しい表現ですが、これは、受けた利益のうち現在もなお残っているものを意味します（これを**現存利益**と呼びます）。たとえば、代金を受け取って、それがそのまま残っていれば、あるいは形を変えてその価値が残っていれば（そのお金で何か物を買った場合）、代金をそのまま返さなければなりません。しかし、その代金を競輪・競馬で使ってしまった、宗教団体に寄付してしまったために、その価値はもはや残っていないということになると、現存利益は消滅したということになります。

第二に、それでは不当利得の関係が認められる場合、必ず返さなくてはならないのでしょうか。たとえば、愛人契約（というのがどういう契約なのか、まじめに考えると、けっこう難しそうです）の対価としてマンションを買ってあげたという場合、愛人契約が公序良俗違反で無効だとされる以上、そのマンションを返すということになるのでしょうか。不当利得についての民法七〇八条は、「不法な原因のために給付をした者は、その給付したものの返還を請求することができない」と規定しています。これを**不法原因給付**と呼びます。したがって、法律上の原因のない給付だとされても、この不法原因給付に該当すると、返してもらえないということになります。さきほどの愛人契約に基づいてマンションを買ってあげたという場合、愛人契約は公序良俗違反として無効となりますから、愛人さんは、そのマンションを取得して保持する法律上の原因を欠くことになります。しかし、これが不法原因給付だとされると

(そうなるとする見方が一般的ではないかと思います)、不当利得に基づいて返してもらうことはできないということになります。なお、判例は、不法原因給付として返還を求めることができない場合、反射的に、所有権は相手方(ここでは愛人さん)に確定的に帰属することになるとしています。

# 第10章　意思表示の無効と取消し

**■無効と取消し**　さきほど、無効原因について説明しましたが、それ以外にも無効となる場合はあります。心裡留保と虚偽表示の場合に、民法は無効となる場合があることを定めています。しかし、これらは意思表示について取消原因がある場合と一緒に説明する方がわかりやすそうですから、以下ではまとめて扱うことにします。

それに先立って、無効と取消しという言葉について確認しておくことにしましょう。

**無効**というのは、すでに契約の無効の中でも出てきましたが、意思表示の効果が生じないことを言います。売買契約が、公序良俗違反で無効とされた場合には、売買契約の効力は生じませんから、契約に基づいて目的物の引渡しを求めたり、代金の支払いを求めたりすることはできません。また、すでに目的物を引き渡したり、代金が支払われたりしている場合には、その返還が必要となります【I：一二一条の二】。無効原因としての公序良俗違反や強行法規違反についてはすでに説明しましたが、これ以外にも、個別の規定の中で、法律行為が無効となる場合が定められている場合もあります。以下では、意思表示の無効原因として民法が規定しているものについて説明することにします。

また、**取消し**というのは、取消原因がある場合に、その意思表示を取り消すことです。取消しによって、その契約は遡って無効となります【Ⅰ：一二一条】。取消しも、すでに行為能力の説明の中で出てきていました。民法は、行為能力が制限されている場合の取消しとともに、意思表示に何らかの問題があった場合の取消しについても定めています。以下では、そうした意思表示の無効と取消しを説明します。

### ■心裡留保（しんりりゅうほ）

**心裡留保**というのは、わかっていながら本意ではない意思表示をすることです。たとえば、実際には売る気がないにもかかわらず、相手方から「甲を売ってほしい」と頼まれて、「甲を売る」と言った場合がこれに該当します。この場合、少なくとも外形的に見れば申込みと承諾が存在し、甲の売買契約が成立します。民法は、こうした場合に、甲の売買契約が無効とはならないと規定しています【Ⅰ：九三条一項】。相手方の立場に立てば当たり前のような気もしますが、外形的な意思表示に対応する意思（**効果意思**と言います）が欠如している以上、そうした法律行為は無効なのではないかという疑問に対して法律関係を明確にするものです。

もっとも、相手方も、その意思表示が本意ではないということを知っている場合には、相手方の保護は不要ですから、原則に立ち返って（意思表示に対応した効果意思がない以上、当該法律行為は無効である）、無効とされます【Ⅰ：九三条一項ただし書】。

### ■虚偽表示

**虚偽表示**（**通謀虚偽表示**とも呼ばれます）は、相手方と通じてなした虚偽の意思表示のことです。たとえば、借金を重ねているAが債権者からの取立てを逃れるために、Bと通謀して、Aが所有する不動産甲をBに売却したことにして契約書を作成したり、所有権移転登記をしたりするといったケースです。こうした虚偽表示（による契約）は無効とされます。心裡留保の場合と異なり、相手方と通謀しているのですから、その相手方の信頼の保護といったものは問題とならないからです【I：民法九四条一項】。

もっとも、こうした虚偽表示を信頼して取引をした第三者がいる場合（前記の設例でCがBから甲を買った場合などです）、そうした第三者の保護が問題となります。これについては、あとで説明します。

**■錯誤——二つのタイプの錯誤**　**錯誤**というのは、一般的な用語としても使われる言葉です。辞書などでは、「まちがい」や「あやまり」として説明されます。ここで扱う錯誤も、基本的には同じ意味です。こうした錯誤が法律行為の目的や取引上の社会通念に照らして重要なものだとされる場合には、錯誤を理由としてその法律行為（契約）を取り消すことができます【I：九五条一項】。ただ、錯誤にもちょっと異なるタイプがあり、債権法改正で、少し丁寧な規定が用意されました。

まず、ひとつは**意思表示に対応する意思を欠く錯誤**です。たとえば、自分ではカレーパンと言うつもりで、「メロンパンください」と言ってしまった場合がこれに該当します。基本的には意思表示の合致で契約は成立しますから、お店屋さんがメロンパンを包んでくれたら、これでメロンパンの契約が成立します。もっとも、買おうと思っていたのはカレーパンですから、メロンパンの売買をするという意思（効果意思）を欠いています。これが錯誤のひとつのタイプです。こうした錯誤は、それが社会通念上重要なものだと判断されれば、表意者はそれを取り消すことができます。

もうひとつは、**法律行為の基礎とした事情についてのその認識が真実に反する錯誤**です。かなり難しい言い方ですね。たとえば、地下鉄の駅ができると思って（そうした情報を信じて）、そこに近い土地を買ったのに、そんな計画はなかったといった場合が考えられます。この場合には、その事情が法律行為の基礎とされていることが表示されていたときに限り、表意者はその意思表示を取り消すことができるとされています。

■**いわゆる動機の錯誤をめぐる問題**　実は、この二番目の錯誤は、債権法改正以前には、**動機の錯誤**と呼ばれていて、当然に無効となるわけではなく（債権法改正以前の錯誤の効果は取消しではなく、無効でした）、その動機が表示されて、法律行為の内容となっている場合にのみ錯誤による無効を主張することができるとされていました。債権法改正で、こうした動機の錯誤も民法の中で正面から規定されたというわけです。少し議論があるところではありますが、表示されて法律行為の内容になっているという要件が、法律行為の基礎とされていることが表示されているという形で示されていると理解すべきでしょう。たとえば、一定の性能を有していることを前提としていることが表示され、それを前提として価格も決まっているという場合、動機が表示され、法律行為の内容となっていると言うことができますし、また、そうした性能が売買契約の基礎となっていることが表示されていると言えそうです。

それに対して、単に動機が表示されているだけでは足りないでしょう。たとえば、「旅行で腕時計をなくしてしまったから、新しい時計が必要になっちゃってね」と言って、時計屋さんで新しい時計を買ったのですが、あとから出てきたという場合を考えてみてください（おっちょこちょいの私はよくやります）。このケースでは、なるほど時計を買った動機は表示されています。しかし、実際には紛失していなかったという理由で取消しを認めることは、相手方の利益を著しく害することになります。前述の「法律行為の基礎とした事情についてのその認識が真実に反する錯誤」という要件との関係では、この場合にも錯誤が認められそうですが、この要件は従来の判例の立場を基本的に踏襲したものであり、単に表示されているだけでは足りず、契約内容になっている（価格等に反映されている）ということが必要だというのが筆者の理解です。

■**表意者に重過失がある場合**　もっとも、錯誤の要件が満たされている場合であっても、その錯誤が表意者の重大な過失（**重過失**と呼びます）によるものである場合には、取り消すことはできません【I：九五条三項】。さきほどの時計を紛失してしまったと思ったケースについても、ひょっとすると、この規定によって相手方の保護を考えることもできるかもしれません。錯誤の扱いにおいては、錯誤に陥って意思表示をした者の保護と相手方の保護をどのように衡量するかが問題となるのですが、表意者に重過失がある場合には、相手方の保護が優先するということになります。

ただし、①相手方が表意者に錯誤があることを知っていたとき、または重大な過失によってそのことを知らなかったとき、あるいは、②相手方が表意者と同一の錯誤に陥っていたときは（**共通錯誤**と呼びます）、例外的に錯誤による取消しが認められます。①の場合には、相手方には保護すべき信頼がありませんし、また、②の場合については、こんなケースを考えてみてください。AとBは、二人ともAの所有する土地甲の近くに地下鉄の駅ができると考えて、通常の相場よりも高い値段で甲についての売買契約を締結した。しかし、その地下鉄の駅のプランは実際には存在しなかったという場合です。このケースにおいて、二人とも錯誤に陥っていたのに、ここで取り消すニーズを持っているのはBの側だけです。Aは真実と異なっていても、それによって高く売れたのですから万事OK、Bが錯誤に陥っていたとしても重過失でしょ！ということになりそうです。しかし、二人とも錯誤に陥っていたのに、そうした錯誤によって生じる不利益を一方的にBに押しつけることになってしまうのは不公平であるように思われます。それが、共通錯誤の場合が除外対象とされている理由です。

■**詐欺**　ここでいう**詐欺**は、相手方を欺罔（ぎもう）して、錯誤に陥れて意思表示をさせることを指します。たとえば、Aが自分の所有している土地甲のすぐ近くに新しく地下鉄の駅が設置されるという虚偽の情報をBに伝え、それを前提にAB間の土地甲の売買契約が成立したとします。この場合の売買価格は、通常の相場よりは高いものだということが考えられそうです。このように相手方を騙して、意思表示をさせた場合、相手方はその意思表示を取り消すことができます。

詐欺の場合にも、第三者との関係が問題となりますが、これについては後ほどまとめて説明することにしましょう。

■**強迫**　ここでいう**強迫**とは、明示または黙示で害悪を告知して相手方を畏怖させ、それにより意思表示をさせることを指します（ちなみに民法の法律行為のところに規定されているのは「強迫」で、刑法に規定されているのは「脅迫」です【刑法二二二条】）。こうした強迫による意思表示をした者は、その意思表示を取り消すことができます。

なお、強迫は、詐欺と一緒に民法九六条に規定されています。しかし、あとで説明するように、同条二項（第三者による詐欺）と三項（詐欺による意思表示の取消しと第三者）は詐欺についてのみ適用される規定です。したがって、強迫について適用されるのは「強迫による意思表示は、取り消すことができる」という同条一項のみです。これは強迫の場合には常に取消しが可能で表意者の保護が強く図られていることを意味しますが、それは強迫においては強迫された側には意思決定の自由がなく、保護の必要性が詐欺の場合よりも高いと考えられているからです。

# 第II章　意思表示の無効・取消しと第三者との関係

## ■問題の所在

さて、意思表示の無効や取消しについて説明してきましたが、そこで中心となるのは、意思表示の当事者（意思表示をした者とその相手方）の関係でした。意思表示が無効であれば、その意思表示は効果が生じませんし、取り消されれば初めから無効であったものとされています【I：一二一条】。

もっとも、こうした意思表示の無効や取消しは、当事者以外の者、第三者との関係でも問題となります。これまでにも少し触れてきましたが、ここでまとめて見ておくことにしましょう。

> 設例　Aは、自己所有の甲を、代金一〇〇万円でBに売るという契約を締結した。その後、甲を取得したBは、甲をCに売却するという契約を締結した。

典型的に問題となるのは、このようなケースです。このケースでAB間の契約が無効であったら、あるいは、AがBとの売買契約を取り消したら、すでに甲がCの手元にある場合、AはCに対して甲の返還を求めることができるのでしょうか。

### ■心裡留保と第三者

さて、心裡留保のところで、相手方もその意思表示が本意ではないことを知っている場合には、原則に立ち返って無効とされると説明しました【I：九三条一項ただし書】。しかし、この無効は善意の第三者には対抗できないとも規定されています【I：九三条二項】。

たとえば、Aが真意でないのに「甲を売る」と言って、Bが甲を買い、さらにCがBから甲を買った場合を考えてみましょう。この場合、Aが真意ではないことをBが知っていた場合（Bが悪意であった場合）、AB間の契約は無効となります。しかし、そのABの無効は、善意であったCには対抗できないということが規定されているわけです。と言ってもすぐにはピンとこない人もいるかもしれません。最後の部分は、ちょっと難しい言い方ですが、善意のC（Aの心裡留保について知らなかったC）に対しては、ABの売買契約は無効だと主張できないと言い換えてもいいでしょう。したがって、Aは、AB間の売買契約の無効を理由として、Cに対して甲の返還を求めることはできないことになります。

### ■通謀虚偽表示と第三者

AとBが通謀して甲を売却したという虚偽の意思表示をした場合、心裡留保の場合と異なり、相手方と通謀しているのですから、その相手方の信頼の保護といったものははじめから問題とならず、無効とされます【I：九四条一項】。

しかし、その場合にAB間の売買契約とそれによってBが甲の所有者になったということを信頼して、CがBから甲を購入したという場面を考えると、Cについてはその信頼の保護が必要となります。そのため、民法は、通謀虚偽表示による無効は善意の第三者（ここでは善意無過失の第三者ではなく、単に善意の第三者とされていることに注意してください）に対抗できない、つまり、Cが善意の場合には、Cに対してAB間の売買契約が無効だということを主張できないと規定しています【I：九四条二項】。

Cとの関係では、A→B、B→Cと甲の所有権がちゃんと移転していることになりますから（A→Bの所有権の移転が無効だということを主張できないのですから）、Aは、Cから甲を取り返すことはできません。

## ■民法九四条二項の類推適用

ところで、虚偽表示として規定される場合は、そんなに日常生活の中で多いとも思えません。その点では、民法九四条二項は頻繁に利用される条文だというわけではないようにも思われます。しかし、民法九四条二項の類推適用というのは、民法の勉強をしていると、かなり色々な場面で出てきます。こうした民法九四条二項の類推適用について、少し触れておくことにしましょう。

まず、**類推適用**というのは、ある内容を定めている規定を、その規定自体が直接はカバーしない他の類似する場面に用いることを言います。すでに説明したように、民法九四条が規定しているのは、あくまで相手方と通じてした虚偽の意思表示の場合です。ところが、そのように積極的に虚偽の外観を作り出したのではないとしても、作り出された虚偽の外観を修正することが容易にできたにもかかわらず、それをそのまま放置したような場合にも、民法九四条二項を類推適用して、第三者の保護を図ろうというのが、ここで示した考え方です。

こうした民法九四条二項の類推適用は色々な場面で考えることができます。たとえば、すでに説明した無権代理の場合についても、Aの子Bが、本当は代理権などないのに、Aの代理人だと偽って、A所有の不動産甲についてCと売買契約をし、Cに所有権移転登記がされたとします（所有権移転登記については後ほど説明します）。さて、そのCからDが甲を買ったとします。この場合、Bの行為は無権代理ですから、これによってAからCに所有権が移転することはありません。したがって、CからDへの所有権移転もあり得ないことになります（このあたりについてもあらためて説明します。ここではそういうものかと思っておいてください）。しかし、AがBの無権代理とそれによるCへの所有権移転登記を知ったにもかかわらず、それを放置していたという場合はどうでしょうか。この場合、Cに甲の所有権があるという外観をAが積極的に作り出したわけではありません。しかし、そうした事態を知った以上、容易にそれを正すことができたにもかかわらず、放置していたということはどう評価されるのでしょうか。こうした場合に、そうした放置が虚偽の外観の作出に関与したと同視されるほどのものである場合には、Dの保護を優先しようというのが、民法九四条二項の類推適用です。

これ以外の場面でも民法九四条二項の類推適用は用いられますが、その都度、それについて触れることにしましょう。

## ■表見法理と第三者保護

ところで、心裡留保の場合でも、虚偽表示の場合でも、相手方や第三者の保護が問題となっていることがわかったと思います。もっとも、そうした相手方や第三者の保護がどのような要件で認められるかについては、よく見ると、それぞれ少しずつ違っています。たとえば、心裡留保の場合の相手方は、善意無過失であった場合（心裡留保を知らず、また知らなかったことについて過失がなかった場合）に保護されます（条文上は「真意ではないことを知り、又は知ることができたとき」に保護されないという形で規定されています。これは悪意または善意有過失の場合に保護されないということを意味しています。ちょっとややこしいですね）。しかし、第三者については、善意という要件しか規定されていません。また、通謀虚偽表示では相手方の保護は問題となりませんが、第三者については善意の第三者とのみされています。

このように相手方や第三者の保護が問題となるのは、これ以外にもあります。すでに説明した表見代理（→七〇頁）もそうした側面を有します。また、これから説明する錯誤や詐欺でも、そうした問題が出てきます。

こうした場面において、**表見法理**（**権利外観法理**とも呼びます）ということが言われる場合があります。これは、そうした虚偽の外観について責めを負うべき者がいる場合、その者の負担によって、外観を信頼した者を保護しようとする考え方です。もっとも、この表見法理による保護の要件が何であるのか、善意で足りるのか、善意無過失まで要求されるのかということについては、一律に答えることはできません。

表見法理のところで説明したように、この考え方を支えるのは、①（本人などの）虚偽の外観についての帰責事由、②（相手方や第三者の）外観に対する正当な信頼という二つの柱です。表見代理の場合、

①は基本代理権を付与したとか（権限外の行為の表見代理）、かつて代理権を与えたといったもので（代理権消滅の表見代理）、それほど帰責事由としては重大ではありません（もっとも代理権授与の表示はそれなりに重大であるような気もしますが、ここでは立ち入りません）。この場合、②としては善意無過失が求められることになります。他方、心裡留保や虚偽表示の場合、自らが積極的に虚偽の外観を作り出しています。それとのバランスで考えれば、第三者に無過失まで要求する必要はなく、善意で足りるという結論になるわけです。表見法理を支える二本の柱があるということは、単に理念的な説明にとどまるわけではなく、要件の立て方にも関係してくるというわけです。

■**錯誤と第三者**　すでに説明したように、一定の要件を満たせば、錯誤による意思表示を取り消すことが可能です。

しかし、錯誤による取消しは、善意無過失の第三者には対抗することができません【Ⅰ：九五条四項】。たとえば、Aが自分の所有する甲をBに売却したけれど、そのときに錯誤に陥っていたとしましょう。この場合、すでに述べた要件を満たせば、AはAB間の売買契約を取り消すことができます。しかし、その甲がすでにBからCに譲渡されていたとします。この場合、C（第三者）がAB間の売買契約が錯誤により取消可能であるということを知らなかったし（善意）、それについて過失がない（無過失）ということであれば、Aは、AB間の売買契約が取り消されたということを主張して、Cに甲の返還を求めることはできないということになります。錯誤による意思表示をした表意者の保護より、善意無過失の第三者の保護が優先するということになります。

もっとも、取消しと第三者の関係については、その第三者がいつ登場したのかによってちょっと面白い問題が考えられます。以下のケースを材料にそれを考えてみることにしましょう。

設例❶ Aは、Bに不動産甲を売却し、甲の登記を移転した。Bは、甲をCに転売し、甲の登記を移転した。しかし、Aは、錯誤を理由として（あるいは後述のBの詐欺を理由として）、AB間の売買契約を取り消した。

設例❷ Aは、Bに不動産甲を売却し、甲の登記を移転した。しかし、Aは、錯誤を理由として（あるいは後述のBの詐欺を理由として）、AB間の売買契約を取り消した。その後、Bに甲の登記がまだ残っていることを利用して、BはCとの間で甲の売買契約を締結し、登記を移転した。

さて、この二つには大して違いがあるわけではありません。基本的には、AによるAB間の契約の取消しとBC間の契約の前後関係が異なるというだけです。

まず、設例❶の場合には、すでに説明したように民法九五条四項（詐欺による取消しの場合には九六条三項）が適用され、Aによる取消しは第三者であるCに対抗することができません。このような第三者の保護が規定されている背景には、取消しが遡及効を有しており（遡及的に無効となるのであれば、Bははじめから無権利者だったことになり、Cは無権利者であるBから甲を買ったということになり、所有権を取得することができません）、その遡及効からCを保護する必要があるからです。

他方、設例❷の場合、取消しの遡及効からの保護が問題となるケースではありません。すでにAB間の契約は取り消されており、その後に、CはBから購入したのですから、遡及効を認めるか認めないかにかかわらず、Cは取消しによって無権利者となったBから買ったということになりそうです。その点で、設例❷は民法九五条四項の適用対象ではないとされています。しかし、そうは言っても、Cの立場になって考えてみれば、Bのところに登記があったという点では、設例❶と設例❷では違いがなく、また、すでにAB間の契約が取り消されていたということを知らない場合も少なくないはずです（それはAB間の事情にしかすぎません）。したがって、何はともあれ、設例❷のCについても保護を考える必要があるというのは当然でしょう。問題は民法九五条四項が適用されないとしたら、その保護をどうやって実現するかです。この点については、二つのアプローチが考えられています。

ひとつは、ここではBを起点とする二つの物権変動（物権変動については、のちほどもう少し丁寧に説明します）、すなわち取消しによるBからAへの復帰的な所有権の移転とBC間の売買によるBからCへの所有権の移転があり（つまり、Bを起点として二重に譲渡されたような関係になります）、その優先関係は対抗要件（不動産の場合であれば登記）によって決まるとするものです。判例は、このような考え方を採用しています。

もうひとつは、さきほど説明した民法九四条二項の類推適用という考え方です。この立場からは、判例の立場が論理的に一貫しないという点が指摘されています。つまり、民法九五条四項についてはBの権利の遡及的消滅を前提としているのに（つまり、遡及効からの保護を実現するものだとしているのに）、取消し後については、BからAへの復帰的な物権変動を考えるというのは一貫しないというのです。取消しによるBの所有権の消滅を前提として、かつ、その遡及効からの保護のための民法九五条四項も適用されないとすれば、Cは無権利者であるBから甲を取得したと言わざるを得ません。そのことを正面から認めたうえで、Aは、甲の登記を回復することができたのに、それをしなかったという点をつかまえて（つまり、虚偽の外観を放置したという点を問題として）、民法九四条二項を類推適用するというのです。

両者のいずれによるべきなのかは、かなり難しい問題です。論理的には、設例❶と設例❷のいずれについても、取消しによるBの所有権の遡及的消滅を前提として論じる後者のような考え方の方が一貫しているように思われます。ただ、どのような場合に（どの程度の期間放置したら）民法九四条二項が類推適用されるのかといった点は、それほど明確ではありませんし、（設例❷とは異なりますが）Cには登記がなくても保護されるのか等、民法九四条二項の類推適用ということから当然に明確な答えが導かれるわけではありません。前者のようにAとCの対抗問題として考えるというのは、論理的な一貫性という点では問題が残るとしても、単純な解決を導くことを可能としているという評価はできるでしょう。かなり難しい問題ですが、本格的に民法を勉強し始めたら、是非、あらためて考えてほしいと思います。

## ■詐欺と第三者——詐欺による取消しと第三者の保護

詐欺の場合にも第三者との関係が問題となりま

す。ただ、ここではかなり性格の異なる二つの問題があります。

まず、これまでの場合と同じように、詐欺を理由とする取消しにおける第三者の保護について説明することにしましょう。民法は、詐欺による意思表示の取消しは、善意無過失の第三者に対抗することができないとしています【I：九六条三項】。この場合の表意者は詐欺の被害者ではありますが、その保護よりも、善意無過失の第三者の保護（取引の安全）が優先するということになります。この点は、錯誤で扱った問題と同様です。また、そこで触れたように、取消し後の第三者をどのような法律構成で保護するのかという点も同様に問題となります。

■**詐欺と第三者——第三者による詐欺**　もうひとつの問題が**第三者による詐欺**の場合に、当該意思表示を取り消すことができるのかという問題です。

詐欺についての説明（↓九二頁）で、Aが自分の所有している土地甲のすぐ近くに新しく地下鉄の駅が設置されるという虚偽の情報をBに伝え、それを前提にAB間の土地甲の売買契約が成立したという設例を挙げました。しかし、そうした虚偽の情報がAではなく、Cによって提供された場合はどうなるのでしょうか（AとCが共謀しているといったことは考えないことにします）。つまり、契約の相手方ではないCに騙されて、BがAとの契約を締結したという場合です。これが第三者による詐欺です。

この場合、Bにしてみれば、騙したのがAであれCであれ騙されたという点では同じですから、同じように意思表示を取り消すことができるはずだということになるかもしれません。しかし、A自身が騙した場合、Bによるa B間の契約の取消しをAが甘受しなくてはならないとしても、Aが騙したのではない場合には、こうしたAの保護も考える必要があります。民法は、こうした場合には、相手方（この設例ではA）が（Cによる）詐欺について知っていたか、知ることができた場合に限って取り消すことができるとしています【I：九六条二項】。

第三者の詐欺のわかりやすいケースとしては、主たる債務者に騙されて保証契約を締結したというケースがありますが、これについてはあらためて説明することにします。

■**強迫と第三者**　こうやって順次説明してきたのですから、最後は、強迫と第三者の関係です。寝転がって条文を参照せずに読んでいいんだよと本書の冒頭で書いたのですが、これについてはあとで条文を確認してもらった方がいいかもしれません。

詐欺と強迫は、同じ民法九六条の中で規定されています。しかし、よく見ると、九六条二項は第三者による詐欺についての規定ですし、同条三項は詐欺による取消しについての第三者との関係についての規定です。つまり強迫については、「強迫による意思表示は、取り消すことができる」という同条一項の規定しか用意されていないのです。すでに説明したところですが、同じ条文で規定されつつ、強迫の場合の方が、第三者との関係で取消しの効果が限定されていて、第三者による詐欺についての保護も限定されている詐欺よりも、表意者の保護が強く図られているということになります。

# 第V部　契約によって生じる当事者の義務

ここでは、契約によって当事者に生じる関係について説明することにします。具体的には、二つのことを説明しようと思っています。

第一に、債権や契約にどのような種類があり、それぞれの契約に基づいて当事者にどのような債務が生じるのかについての説明です。

① まず、そもそも債権にはどんな種類のものがあるのかに関する説明です。債権にどんな種類のものがあるのかは、民法の第三編・第一章（債権総則）の中で規定されています。

② 次に、個々の契約において、当事者にはどんな債務（債権）が生じるのかについての説明です。もっとも、本書は、契約法入門ですから、民法に規定されている典型契約の全部を取り上げるのではなく、比較的身近でわかりやすい契約として、売買、賃貸借、消費貸借、それに役務提供型の契約を中心に説明します。こうした各種の契約は、民法の第三編・第二章の第二節以下のそれぞれの契約の中で規定されています。

第二は、この本の「──を兼ねた民法案内」というサブタイトルにも関わるのですが、契約を手がかりに、特に、以下の二つについては項目を設けて取り上げたいと考えています。

③ ひとつは、物の所有権の移転をめぐる説明です。これについては、民法の第二編（物権）に規定されている内容が中心となります。たとえば売買契約に基づく法律関係を理解するうえでは、所有権の移転に関する基礎的な知識が不可欠です。そのため、売買に続けて、所有権の移転に関する基本的なルールを取り上げることにしましょう。

④ もうひとつは、債権譲渡と契約上の地位の移転に関する説明です。債権譲渡は民法の第三編・第一章（債権総則）に規定されており、契約上の地位の移転については、債権法改正で、新たに第三編・第二章・第一節（契約総則）に規定が置かれました。これらはもちろん特定の契約を前提とするものではありませんが、比較的素材としてわかりやすい賃貸借の説明に続けて取り上げることにします。

# 第12章　債権の目的と種類

## ■契約と債権

債権は、特定の者（債権者）が特定の者（債務者）に対して特定の行為（債務の履行）を求めることができる権利です。そうした債権は、どのような場合に成立するのでしょうか。民法典の構造のところを思い出してほしいのですが、第三編（債権）は、第一章（債権総則）に続いて、第二章（契約）、第三章（事務管理）、第四章（不当利得）、第五章（不法行為）と四つの章が置かれています。つまり、民法典は、債権の成立原因として、契約、事務管理、不当利得、不法行為の四つを挙げているということになります。契約も民法の中で債権を成立させる原因の一つとして位置づけられているわけです（ただし、契約によって生じる効果はそれだけではありません）。

以下では、契約によって当事者にどんな義務（債務。反対側から見れば債権ということになります）が生じるのか、言い換えれば、契約の当事者は何をしなければならないのか、何を求めることができるのかという問題を考えることにします。

契約当事者にどのような債権（債務）が成立するのかは、個々の契約に即して考えていく必要がありますが、ここではその前提として、債権にどんな種類があるのかということをみておくことにしましょう。

## 事務管理、不当利得、不法行為

「――を兼ねた民法案内」というタイトルを付けた以上、契約以外の債権の成立原因についてもごく簡単に触れておくことにしましょう。厳密な定義は難しいのですが、ここでは大雑把に制度を説明して、その例を挙げることにします。

民法で規定されている順番（このコラムの見出しの順番です）とはちょっと異なりますが、まず**不法行為**というのは、違法な行為等によって、他人の権利や利益を侵害した場合に、それについて損害賠償責任を負うというしくみです。たとえば、交通事故で歩行者をはねて負傷させたという場合、そうした事故という事実関係に基づいて（つまり当事者の合意等によらずに）、加害者には責任が生じることになります（被害者には債権が生じることになります）。どのような場合に損害賠償責任が成立するのか、具体的にどのような内容の損害賠償責任を負うのかといったことを規定するのが不法行為法です。比較法的に見ると、契約と不法行為はいずれの国においても最も基本的な債権の成立原因として規定されています。

次に、**不当利得**ですが、これは法律上の原因がなく利益を得て、それに応じて他人に損失がある場合に、その他人に利益を返還しなければならないというしくみです。ここでは例を二つ挙げておくことにしましょう。同じように不当利得といってもやや性格が異なるからです。ひとつは、他人の土地にある樹木を伐採して売却してしまったという場合です。これは不法行為にも当たる可能性がありますが、法律上の原因がなく（自分が所有しているものではないので）、利益を得て、所有者に損失が生じているという意味で不当利得にもなります。もうひとつの例は、契約に基づいて代金を支払ったが、実は契約は無効だったという場合です。この場合、代金の支払いを基礎づけている契約が無効だったというのですから、法律上の原因がなくなり、その代金を返さなくてはならないということになります。ひとつ目の例は不法行為の身内みたいですが、ふたつ目の例は契約の身内みたいですね。不当利得には、そんな多様性があります（かなり性格の異なるタイプの不当利得の問題があるわけです。先に不法行為を説明したのも、それが理由です）。そのために二つの例を取り上げたわけです。

最後に、**事務管理**ですが、これは契約によらずに他人のために何かをするという場合の法律関係を規定するものです。事務管理には、そうした行為が不法行為にはならないということを明らかにするとともに、そういう行為を始めた以上、きちんとした形でそれをなす義務を負うということを規定しています。たとえば、お隣りの庭で散水用のホースが破裂したという場合、そのお隣さんが旅行に出かけているということを知っているので、自分の判断でその修理を依頼したというような場合です。元々、お隣さんにそうした管理を依頼されていれば契約に基づく関係だということになりますが、そうした依頼がない場合には、契約とは異なる別の事務管理というしくみに基づく法律関係だということになるわけです（国によっては、こうしたものを委任契約に準じる関係として、契約の中で規定しているものもあります）。

比較法的に見ると、契約と不法行為というのが債権成立の最も基本的な柱であることは共通しているのですが、不当利得や事務管理をどのように位置づけるかは、国によっても異なっています。そんなこともあって、ここではこのような順番で制度を説明しました。

**■債権の目的と種類**　これから契約の実現について説明しますが、その実現のしかたは、契約（債権）の目的が何であり、どのような種類のものであるのかによって変わってきます。こうした債権の目的と種類については、債権総則の冒頭に規定されています。債権自体は、色々な契約に共通して成立するものですし、そうした債権についてまとめて規定されているわけです。

**■特定物債権**　**特定物債権**というのは、特定物（たとえば、特定の土地や建物、あるいは特定の家具や自転車など）の引渡しを目的とする債権です【Ⅲ①：四〇〇条】。気をつけてほしいのは、債権の目的が特定物だというわけではないということです。債権は、あくまで債権者が債務者に対して債務の履行という行為を求めることができる権利です。ですから、ここでも債権の目的は、あくまで「特定物の引渡し」という債務者の行為です。

このような特定物債権は、特定物の売買（売主が買主に目的物を引き渡す義務）、贈与（贈与者が受贈者に目的物を引き渡す義務)、賃貸借(貸主が借主に目的物を引き渡す義務、借主が貸主に目的物を返還する義務)など、さまざまな場面で出てきます。

特定物債権についての債務者は、引渡しをするまで、**善良な管理者**の注意をもって、目的物を保管しなければなりません【Ⅲ①:四〇〇条】。これを**善管注意義務**と言います。善良な管理者というのは、あんまりピンとこない言葉ですが、歴史的には、**善良なる家父**というローマ法上の言葉に由来するものです。家父というと、お父さんのことか?と考え込んでしまいますが、ローマ法では家長が家族構成員に対する絶対的な支配権(家父権)を有していたことを前提とする表現です。現在の状況を前提とすれば、「善良な市民(善良な人)」という程度の意味だと思ってもらえればいいでしょう。

なお、管理者というと、いかにも物の保管に特化したような感じですが、実際には、こうした善管注意義務はより一般的に問題となりますし、不法行為法などで過失を判断する前提となるのも、このような基準だと言えます(不法行為法の世界では、**合理人**(reasonable pereson)といった概念を使います。これも善良なる家父や管理者と基本的には同じ概念です)。

さて、このような目的物についての善管注意義務は、実際の場面でも、大きな意味を持っています。つまり、契約の種類等に関わりなく、特定物の引渡しを契約の目的とする場合には、この善管注意義務が課されるからです。たとえば、賃貸借が終われば、賃借人は目的物を賃貸人に返さなくてはなりませんが、それまでの間、善良な管理者の注意をもって目的物を保管(利用)することが求められます。他にも、特定物の引渡しを目的とする債務が生じる契約にはさまざまなものがありますが、それぞれの契約のところで個別に規定していなくても、この善管注意義務が認められることになり、それに違反して不注意な管理をしていたために目的物が損傷したり滅失したりした場合、債務不履行による損害賠償責任が生じることになります。

また、特定物債権は、特定物の引渡しを目的とするものですから、その特定物が火災で焼失してしまったり、あるいは盗まれて行方不明になってしまったりした場合、もはや履行をすることができないという状況が生じます。これを**履行不能**と呼びます。そうした履行不能が生じた場合の法律関係についてはあらためて説明することにします。

**■種類債権**　**種類債権**というのは、引き渡すべき目的物を種類と数量のみによって定めた債権のことを言います【Ⅲ①：四〇一条】。たとえば、酒屋さんに電話をかけて、「ビール一ダースをお願いします」と注文して、酒屋さんが「よっしゃ！」と返事すると、ビール一ダースの売買契約が成立し、その引渡しという種類債権が成立することになります。これも、そんなに難しいことではありませんね。もともとわかっていることをちょっと難しい表現で言い換えただけです。

**法律家の言葉**

ところで、本文で、「ビール一ダースをお願いします」と言って、酒屋さんが「よっしゃ！」

と返事したと書きました。売買契約という言葉はどこにも出てきませんが、これで売買契約は十分に成立すると思います。ただ、これを書いていて私の古い経験を思い出しました。少々脱線しますが、ご容赦ください。

もう三〇年近く前になりますが、はじめてのドイツ留学で、語学研修をするためにゲッティンゲンという古い大学街に滞在しました。とりあえずたどり着いたものの、レストランに入るのもちょっと気が引けて、天気もいいことだし、公園でパンを食べようとパン屋さんを訪れました。そのときに小さなパンを二つ買おうと思って私が言ったのが、"Ich möchte einen Kaufvertrag von zwei Brötchen abschließen" という言葉でした。パン屋のお姉さんがきょとんとしたままなので通じていないかと思ったら、突然笑い出し、「お店を買われるのかと思った！」というような趣旨の発言をしました（通じてはいたようです）。さて、私が何を言ったのかって？　私は、実に丁寧に「私はコッペパン二つの売買契約を締結したい」と言ったのです。間違ってはいませんよね。大学院に進学してからまじめにドイツ語の勉強を始めた私の語学の教材はもっぱらドイツの債権法などの教科書でしたから、こんなことになったのですが、いま思い返しても恥ずかしくてまっ赤になりそうです。

ドイツ留学に際して先に留学していた友人が、「たくさん失敗するのが大事なんだ!、失敗したことは決して忘れない!」と力強く助言をしてくれたのですが、ドイツにたどり着いた初日にまさしくそうした経験をしたわけです。ちなみに、この助言はその後も有益な助言として活躍し続けることになりますが、そうした武勇談(失敗談)はあらためて……。

この種類債権は、種類と数量だけしか決めていませんから、原則として履行不能ということは生じません(特定のビール一ダースなら事故で割れてしまったということも考えられますが、単に「一ダースのビール」という種類と数量でしか特定されていないものについては、それ以外にも瓶が割れていないビールがある以上、履行不能とはなっていません)。

もっとも、いつまでもビール一ダースという抽象的なものだとすると、せっかく注文したビールを飲むことができません。実際には、どこかで具体的な目的物(特定の一ダースのビール)に決まることになります。これが種類債権における**特定**です。この特定が生じたあとは、もはや種類債権ではなく、最初に説明した特定物債権になります(特定したビール一ダースが全部割れてしまったら、履行不能の問題が生じます)。

なお、種類債権の特定という以外に、「集中」という言葉が使われる場合もあります。これは、それまでは抽象的なビール一ダースという形で世の中にあるビールに分散していたリスクが、特定された一ダースのビールに集中するという意味での表現です。

## ■金銭債権

**金銭債権**は、一定額の金銭の引渡し（支払い）を目的とする債権です【Ⅲ①：四〇二条】。これはそんなに難しくなく、法律学の初心者でも簡単に理解できるものですよね。売買代金の支払いや賃料の支払いも、こうした金銭債権（金銭債務）です。

ところで、あんまり頑張って説明するほどのことではないのですが、金銭というのはいったい何なのでしょう。これはかなり難しい問題です。だって、単に印刷された紙が、かりにその印刷に手間がかかっているとしても、当然のように一万円だとか一〇〇〇円だとかの価値を有するというのは、それほど当然のことではないからです。ここではその価値を裏づけるしくみの存在が不可欠となります。ちなみに、そうした裏づけが怪しい場合には、紙幣は本来の単なる紙切れとなってしまうのです（ちなみに、ここで松本清張の「西郷札（さいごうさつ）」という小説を思い出しました。紙幣の価値を考えるよい素材……というより、単純に面白いので、是非読んでみてください）。

さて、そうした不思議な金銭ですが、民法上の扱いでも、やや特殊な位置づけがなされています。ひとつは、あとでも説明するのですが、金銭債務の不履行については特別のルールが用意されています。この背景には、金銭の絶対的な代替性があります。

もうひとつは、金銭については、占有と所有が区別されていません。不動産でも動産でも、所有しているのはAだけれど、占有（物理的に所持）しているのはBだという状況が考えられます。占有しているBから目的物を譲り受けたCは、必ずしも所有権を得られるわけではありません。所有者はAだからです。それに対して、金銭の場合には、占有しているBがその金銭の所有者であって、Bからそれを得たCは完全にその金銭についての権利を取得します。BがAからその金銭をだまし取ったという場合でも基本的には同じです。したがって、Bから金銭の支払いを受けたCは、その金銭についての完全な所有権を取得します（AがCに対してその金銭の引渡しを求めることができないとしても、Cに対して不当利得返還請求権を行使することができないのかという問題はあります。これについては、不当利得法について勉強する際に学んでください）。これは金銭の流通性が極めて高く、そうした金銭については取引の安全が重視されているということによるものです。

■**役務の提供を求める債権**　以上、色々な債権の種類をみてきましたが、債権の種類はこれらに限定されるわけではありません。たとえば、パソコンを修理してもらうとか、家庭教師をしてもらうといったように、**役務**（えきむ）（サービス）の提供を求めることが目的である債権もあります。

民法がどのような形で役務の提供に関する契約について規定しているのかについては、あとで説明することにします。

■**選択債権**　**選択債権**というのは、数個の異なる給付が当初は選択的に目的とされていて、後に選択によってそのうちの一個の給付が目的となる債権です【Ⅲ①：四〇六条】。こうした選択債権は、日常の生活では、あまり接することがないように思います。ですから、ごく簡単に説明することにしましょう。

選択債権の目的はさまざまです。特定物給付（横山大観の甲という絵）と特定物給付（竹内栖鳳（せいほう）の乙という絵）という組み合わせでもいいですし、特定物給付（横山大観の甲）と不特定物給付（ナポレオン金貨一〇枚）といった組み合わせ、さらには役務を提供するという給付の組み合わせも可能です。

選択債権では最終的にいずれかの給付に特定する必要がありますが、問題となるのは誰が選択するかです。基本的には、①まず契約によって決まります。契約によって決まる選択権者が債務者であっても、債権者であっても、あるいは第三者であってもかまいません。②契約によって決まっていない場合には、債務者が選択権を有します【Ⅲ①：四〇六条】。③契約当事者である選択権者が相手から求められても決定しない場合には選択権は相手方に移り【Ⅲ①：四〇八条】、選択権者である第三者が選択できなかったり、選択を欲しなかったりした場合には債務者に選択権が移ります【Ⅲ①：四〇九条二項】。

また、複数の給付の中のひとつが不能となった場合には、不能が選択権を有する者の過失による場合には残存する債務のみが対象となり（残存する債務がひとつであればそれに、複数であればその複数を対象とする選択債務になります）【Ⅲ①：四一〇条】、不能が選択権を有する者の過失によらない場合には、選択権者は、不能となった給付を含めて自由に選択することができます。「不能が選択権を有する者の過失によらない場合」には、選択権を有さない契約当事者の過失による場合と、契約当事者のいずれの過失もない場合の両方が含まれます。

## 横山大観と竹内栖鳳

横山大観に比べると知名度は少し落ちるかもしれませんが、東の大観、西の栖鳳と呼ばれたように、竹内栖鳳は、横山大観とほぼ同じ時期に活躍した日本画家です。鳥や獣、魚など動物の絵が魅力的で、特にざっと描かれただけなのですが、雀には人気があり、一羽いくらという値段のつけ方もあったようです。お金が必要になると栖鳳は雀の数を書き足したという逸話もあります（本当かどうかは知りませんが、わが家の庭で気持ちよさそうに砂浴びしている雀たちを見るたびに、このエピソードを思い出します）。私も、最近では横山大観の絵がいいなぁ……と思うようになったのですが、若い頃は圧倒的に竹内栖鳳の日本画離れした絵が大好きでした。……とこれはどうでもいいのですが、大観と栖鳳に敬意を表しつつ、本文で説明したことを、もう少し補足しておくことにしましょう。

たとえば、画商Aが、別の画商Bとの間で、自分が保有する横山大観の掛け軸（大観）と竹内栖鳳によって描かれた屏風（栖鳳）について、いずれかを代金二〇〇〇万円で売るという選択的な売買契約を締結しており、選択権は売主のAにあるという場合を考えてみましょう。色々なパターンが考えられるのですが、とりあえずちょっと面白そうな以下の二つの場合を考えてみます。

両作品を一時的に自分の手元に置いていたBの過失で大観が滅失してしまったとします（選

択権を有さない契約当事者の過失による場合に該当します）。この場合、選択権者であるAは、すでに滅失してしまった大観を選択することも可能です。履行不能は通常は解除原因となりますが、債権者（この場合は不能となった債務について考えますから、債権者はBです）の責めに帰すべき事由により履行不能となった場合には解除は認められません【Ⅲ②：五四三条】。したがって、Aが大観を選択した場合、Bは、大観を手に入れられないのに、二〇〇〇万円の代金債務を免れることはできないことになります。

また、AとBの両方に過失がない場合（契約当事者のいずれの過失もない場合です）、たとえば、大観を保管していた倉庫が不可抗力と考えられる大規模な集中豪雨で流されてしまったという場合、この場合にもAは大観を選択することはできます。しかしさきほどと違って、この場合には、Bは履行不能を理由として解除することが可能です。もちろん、Aが栖鳳を選択すれば、栖鳳の引渡しと二〇〇〇万円の代金の支払いがなされることになります。

# 第13章　売買契約における当事者の義務

**■売買契約における当事者の基本的な義務**　売買契約が締結されると当事者に義務（債務）が発生します。売主は権利を移転する義務を負い、買主はその対価としての代金を支払う義務を負います。契約の種類で説明したことを思い出してください（↓二八頁）。つまり売買は有償契約で、双務契約だというわけです。

売買契約における当事者の最も基本的な債務は、上述のとおり、売主の権利の移転債務と買主の代金支払債務です。もっとも、理屈のうえでは、合意によって売買契約が成立し、その契約によって生じた債務の履行がなされるというプロセスですが、多くの場面では、そうしたプロセスが実際には意識されないことも少なくないだろうと思います。たとえば、コンビニでお弁当を買うという場合には、契約の成立、その契約に基づく債務の履行、そして履行による契約の終了がほぼ同時になされており、売買契約によって成立した債務の履行を意識することはあまりないかもしれません。しかし、こうした場合でもあとで触れるように、買ったお弁当に問題があった場合など、事後的に売主の債務の履行が問題となることは考えられます。

■**同時履行の抗弁権**　さて、売買契約が成立すると買主は代金を支払わなくてはなりませんが、通常は、代金は目的物の引渡しと引換えに払えば足ります。もし、理由もないのに売主が目的物を引き渡してくれないまま、代金を支払えと言ってきたときは、代金の支払いを拒むことができます。これを**同時履行の抗弁権**と呼びます【Ⅲ②：五三三条】。この同時履行の抗弁権は民法の第三編・第二章・第一節（契約総則）に規定されていますから、売買以外の双務契約にも適用されます。

なお、売主は目的物の権利をただちに買主に移転するが、買主は代金を一年後に支払えばよいという合意をすれば、同時履行の抗弁権は問題となりません（ただし、目的物の権利の移転がなされないまま一年が経過したときは同時履行の抗弁権が問題となります。この点については少し議論がありますが、省略します）。

■**権利移転の対抗要件の具備に協力する売主の義務**　売主の最も基本的な債務は目的物の権利を買主に移転することです。こうした権利の移転そのものは当事者の合意だけでも可能です。

もっとも、買主が得た権利を他の人との関係でもきちんと主張できるようにするためには対抗要件を備えることが必要です。具体的に何が対抗要件となるかは、不動産や動産等で異なってきますが、いずれにしても売主には、買主に対抗要件を備えさせる義務を負っています。このことは特に民法には規定されていなかったものの、当然のこととされていましたが、債権法改正で条文が置かれました【Ⅲ②：五六〇条】。

なお、対抗要件の意味や機能、対抗要件を備えるために具体的に何をするか等については、少し丁寧に説明したいので、あらためて取り上げることにします。

### ■他人物売買と売主の義務

さて、他人の物を売るというのが**他人物売買**です。実は債権法改正前は、この他人物売買について規定する条文が、民法の第三編・第二章の第三節（売買）の第二款（売買の効力）の冒頭に置かれていました。まだ筆者が紅顔の初々しい学生だった頃、売買の効力として、他人の物を売るという思いっきりイレギュラーな場合が最初に規定されていて、大変に不思議であった記憶があります（だって、売買の効力と言われて、最初に思いつくのが他人物売買なのか！、と）。債権法改正で対抗要件を備えさせる義務が売買の効力の冒頭の規定となり、他人物売買の場所はひとつ繰り下がり、この状況が少しはましになりました。

もっとも、他人物売買には重要な点が含まれていると思います。ここでは二つの点を確認しておくことにしましょう。

第一に、こうした他人物売買も、契約それ自体としては有効だということです。私が、親しい友人であり同僚の○○先生の所有するマンションをみなさんに売るという契約も可能であり、有効に成立するのです。もちろん、○○先生はそんな契約に拘束されるわけではありませんから（契約が効力を有するのは当事者においてのみです）、マンションの権利をみなさんに移転する債務を負うものではありません。しかし、私とみなさんとの間ではこの売買契約は有効ですし、私はこの契約に拘束されることになります。

第二に、それでは具体的に売主である私は何をすればよいのかです。民法はこうした場合に、売主がその他人の権利を取得して、それを買主に移転すべきことを規定しています【Ⅲ②：五六一条】。もっとも、売主は買主に権利を移転する義務をそもそも負っているわけですし、他人物についてそれを実現しようとすれば、何とかしてその他人の権利を手に入れなければならないわけですから、この規定の必要性については議論の余地があるかもしれません。なお、他人の権利を取得できず買主に権利の移転ができないということになると、のちほど説明する債務不履行の問題となります。

■**契約に適合した物を引き渡す売主の義務**　売主は、契約に適合した物を買主に引き渡す義務を負っています。したがって、売買で引き渡した物が壊れていたり、欠陥があったりした場合、あるいは数量が不足していた場合、売主の債務は完全には履行されていないということになります。

こうした場合について、民法は、買主が、売主に対して、目的物の修補や代替物の引渡し、不足分の引渡しを求めることができるとしています【Ⅲ②：五六二条】。これを**追完請求権**と呼びます。ただし、買主が代替物の引渡しを求めたとしても、売主の側で修補によって追完をするということも可能です。もっとも、売主の選択した方法が買主に不相当な負担を課すものだとされる場合には（たとえば、代替品ならすぐに手に入るが、修繕には一年かかるといった場合）、これは認められません。

実は、この点は債権法改正で大きく変わった部分のひとつです。債権法改正前には、目的物に欠陥があっても、特定物売買の場合には当然には修補や代替物の引渡しを求めることはできないという考え方が一般的でした。特定物売買であり、その欠陥のある物が売買の目的物である以上、それを引き渡せば、債務不履行を問題とする余地はないという考え方があったからです（こうした考え方は**特定物のドグマ**と呼ばれていました）。債権法改正でこうした特定物のドグマが否定され、特定物売買も含めて契約に適合した種類や品質の目的物の引渡義務が明示的に規定されたわけです。

**■売買と交換**　権利移転型の典型契約として、民法には**交換**が規定されています。交換も売買と同様、有償契約であり、双務契約です。両者の違いは、売買では権利の移転と代金債務が生じるのに対して、交換では両当事者が金銭以外の財産権を移転する債務を負うという点だけです【Ⅲ②：五八六条】。

交換については詳しい規定は置かれていませんが、すでに触れたように売買の規定は他の有償契約に準用されますし、交換についてはほぼそのまま準用されると考えてよいでしょう。

**■売買と贈与**　やはり権利移転型の典型契約ですが、売買とは異なり無償・片務契約であるのが**贈与**です。なお、贈与というと一方的な「あげる」という意思表示が問題となっているのであり、契約ではないというイメージもあるかもしれませんが、少なくともわが国の民法は贈与を契約として扱っています。つまり、一方（贈与者）のある財産を無償で相手方（受贈者）に与えるという意思表示と相手方の受諾の意思表示（「もらう」という意思表示）によって成立するのです。

贈与は、このように両当事者の意思表示の合致だけで成立するので、形式的にみれば諾成契約です。しかし、書面によらない贈与は履行が終わるまでは両当事者が解除することができます。逆に言えば、贈与を一方的にやめたと言えないのは、書面によって贈与契約がなされた場合あるいは引渡しがなされた時点だということになります。その点では、実質的には、要式契約としての贈与（書面による贈与）と要物契約としての贈与が規定されているという理解も可能であるように思われます。

さて、こうした贈与における贈与者の債務については、売買における売主の債務とは異なることが規定されています。原則として贈与者は、贈与の目的である物や権利を贈与の目的として特定した時の状態で引き渡せば足ります【Ⅲ②：五五一条】。したがって、贈与時点で目的物の一部が破損していたり、機能に障害があったりしたとしても、そのまま引き渡せば足り、修理や交換をする必要はありません。

こうしたことは贈与の無償性に由来するものです。もちろん、当事者がこれと異なって売買における売主の義務と同様の責任を負うことを合意すれば、贈与者はそうした債務を負うことになります。

# 第14章　目的物の所有権の移転をめぐる法律関係

## ■対抗要件を備えさせる売主の義務

さて、さきほど他人物売買の規定が売買の効力の冒頭にあって不思議だったというお話しをしました。債権法改正によって、売買の効力に関する冒頭の条文では、買主のために権利の移転について**対抗要件**を備えさせる売主の義務が規定されることになりました【Ⅲ②：五六〇条】（幸いなことに他人物売買の規定はひとつ繰り下がって、冒頭の地位を失いました）。もっとも、対抗要件というのは、あまり日常生活ではなじみのない概念だろうと思います。

ここでは、物の売買において、所有権がどのように移転するのか、そして、所有権を移転するということと対抗要件というものがどのように関係するのかということについて、まとめて説明しておくことにしましょう。

## ■物の種類——動産と不動産

まず、前提として物とは何なのか、それにはどんな種類があるのかを確認しておくことにしましょう。

まず、民法において物とは有体物のことです【Ⅰ：八五条】。したがって、電気等のエネルギーは物ではありません（ちなみに刑法では、電気は窃盗罪の対象となる財物であることを明示的に確認する規定が置かれています【刑法二四五条】)。

さて、こうした物は、**動産**と**不動産**に分けられます。まず、不動産というのは土地とその定着物(土地に付着して、社会通念上、その付着したままの状態で継続的に使用されるもの)のことを言います。それ以外の物はすべて動産です【I:八六条】。

なお、不動産というのは土地とその定着物のことですから、私が芦屋の六麓荘(ろくろくそう)というところに所有している二〇〇〇坪ほどのささやかな土地甲も、その土地に建っている二〇部屋ほどしかないこぢんまりとした建物乙も(みんなウソです!)、不動産だということになります。ただ、この際に気をつけてほしいことがあります。土地甲に設置された二五メートル・五レーンの小さなプールは(これもウソです!)、土地の定着物として土地甲の一部です。あくまで甲という**ひとつの**物の一部だということになります。他方、建物乙も土地の定着物なのですが、それ自体独立の不動産となります(つまり土地甲と建物乙は、それぞれ独立した二つの不動産です)。比較法的には土地と建物を一体としてひとつの不動産として扱うというものが多く、このように土地と建物を別の物として扱うというのは必ずしも当然のことではありません。わが国では、引っ越しの際には木造の建物を解体して運ぶということもあったようですから、そうしたことも背景にあるの

かもしれません。

■**所有権の移転のために必要なこと**　それでは所有権の移転の説明に入りましょう（なお、所有権というのは、目的物を自由に使用・収益・処分することができる権利です【Ⅱ：二〇六条】。しかし、ここではあまり神経質にならず、みなさんが思っている所有権のイメージを前提として読んでもらえれば足ります）。

まずは、所有権の移転のためには何が必要かということです。実は、この答えは簡単で、当事者の合意のみで所有権を移転することが可能です【Ⅱ：一七六条】。ちょっと意外に思われるかもしれませんが、数十億円の広大な土地の売買であっても、「売るよ」、「買うよ」ということで合意が成立すれば、それによって所有権は移転します。書面で契約をするといったことも必要ではありません（**物権変動の意思主義**と言います）。もちろん、不動産の売買では通常、売買契約書を作成しますが、それは売買契約の成立のうえでも（売買は諾成契約です）、不動産の所有権の移転という点でも不可欠ではありません。

あれっ、不動産なら登記とか必要じゃん！、と思われる諸君もいるかもしれません。なるほど不動産の売買では登記がとっても重要です。しかし、不動産の所有権の移転のために登記が必要なわけではありません（比較法的には所有権の移転のためには登記が必要だとする国もありますが、日本ではそうしたしくみを採用していません）。それでは、所有権の移転のために必要ではないのに、なぜ不動産の売買では登記が重要なのでしょうか。それを次に説明することにしましょう。

さて、実際に扱ったことはなくても、**登記**という言葉自体は比較的よく耳にするのではないかと思います。登記は不動産の権利の得喪についての対抗要件なのですが、対抗要件が何のために必要かということとともに、登記が対抗要件だということの意味を説明することにしましょう。

### ■不動産の対抗問題と登記

かなり前の方で、債権は対人的効力しか有さない、物権は対世的効力があるという説明をしました（→二四頁）。こんなケースを考えてみてください。

> **設例**　Aは自分が所有する土地甲を代金三〇〇〇万円で売る契約（売買契約❶）をBと締結した。Aは、その後、同じ土地甲を代金四〇〇〇万円で売る契約（売買契約❷）をCと締結した。

諸君が一番気になるのは、そもそも同じ甲という物について二重に売るということが可能なのかということではないかと思います。それはごく自然なことですが、いまはとりあえずこういうケースがあったと理解してください。

この場合、BはAに対して、売買契約❶に基づいて甲の権利の移転を求めることができます。同様に、CもAに対して売買契約❷に基づいて甲の権利の移転を求めることができます。BのAに対する債権とCのAに対する債権は、同じ甲という目的物についての債権ですから矛盾しているようにも見えますが、債権は当事者間での相対的な効力しかありませんから（ABの契約の効力はABにしか及ばずCには及びません。ACの契約はACのみに効力が生じBは無関係です）、矛盾しているわけではないということになります。

もっとも、ここで問題となっているのは所有権という物権です。物権には対世的な効力（契約当事者に限定されない第三者に対する関係でも生じる効力）があるので、AB間ではBが所有者だ、AC間ではCが所有者だ、と言って済ますわけにはいきません。所有権は物を排他的に支配する権利で、対世的効力を有しますから、ひとつの物の上にはひとつの所有権しか存在できません（**一物一権主義**と言います）。設例のような場合の解決のしかたは色々考えられるのですが、民法は、どちらが所有者になるのかを対抗要件で決めるという立場をとりました。不動産の場合の対抗要件が登記です。

さて、こうした二重譲渡の場合、BとCのいずれが所有者になるのかは対抗要件である登記を備えているか否かで決まります。対抗要件というのは、両立しない関係において（この場合、同一の土地甲について、Bが所有者であるということとCが所有者であるということは両立しません。こうした問題を**対抗問題**と呼びます）、どちらが優先するのかを決めるものです。設例では、BとCのうち所有権移転登記を得た者が、自分が所有者だということを対抗（主張）できるのです。

所有権の移転は当事者の意思表示（合意）のみでできるけれど、その所有権を第三者との関係でも主張できるようにするには登記が必要だということになります。登記が大切だということの意味がわかりますね。

■**不動産の所有権と登記**

ところで、所有権と登記の関係については、もう少し補足しておく方がいいだろうと思います。二つあります。

まず、所有権は意思表示のみによって移転し、ひとつの物の上にはひとつの所有権しか存在しないということを前提とするのであれば、さきほどの設例では、ABの売買によってBが甲の所有者となったのだから、そもそもその後、Aが甲をCに売るということはできないのではないのか?、という疑問を抱く人がいるかもしれません。実にまっとうな疑問です。これについて筆者は学生時代からよくわからず、正直に告白すると、今でもあまり上手に答えることはできません。しかし、そもそもこういう構成をとれば、対抗要件で解決する必要はなくなります。売買契約❶によってBが所有者となっているのであり、AC間の売買契約❷は他人物売買にすぎないからです。しかし、民法が対抗要件によって解決するとしている以上、ABの売買があっても、ACの売買によって甲の所有権が移転し得ることが前提となっているというのが形式的説明です。それともうひとつ、より実質的な説明を考えることもできるかもしれません。ひとつには対世的効力を有する所有権がどこにあるのかということを公示し、取引の安全を図るという目的があります。売買契約❶があったとしても、それだけでは他の人にはBが所有者になったということはわかりません。不動産という重要な財産について、その所有者が誰であるかを他人にもわかるように公示し、安心して所有権を手に入れることができるようにするという点に登記の重要な機能があると言えます。

次に、やはりさきほどの設例で、Aには実は所有権がなく、登記だけはあったという場合を考えてみましょう。たとえば、Aが勝手に誰かが所有している甲について売買契約書等を偽造して、自分の土地だと登記してしまった場合です。この場合、たとえばＡＣ間の売買契約を原因としてＣが所有権移転登記を得たとした場合、どうなるのでしょうか。実は、この場合、真実の所有者から求められると、Ｃは「登記がある」と言っても、何にもなりません。所有権を持っているということを第三者に対抗できるという点で、登記には大変に強い効力があります。しかし、所有権がない場合には、そもそも対抗すべき権利がないので、それだけでは何もできないということになります。このように権利がない場面では対抗要件を持っていてもダメだということを**無権利の法理**と呼びます。

### ■動産の所有権の移転と対抗要件

不動産の話ばかりしてきましたが、動産の場合にも同じように対抗問題が考えられます。設例の甲は、動産の場合であっても同じように考えられます。

もっとも、動産の場合には、登記のようなしくみはありません。日々、新たな商品が製造され、流通し、そして消費される我々の社会において、そうした動産を完全にカバーするような登記や登録のしくみは考えられないからです（ただし、一部の動産については、こうした登録制度が用意されています）。

こうした動産においては、引渡しが対抗要件となります【Ⅱ：一七八条】。

設例で甲が不動産である場合、かりにＢが引渡しを受けたとしても、Ｃが登記を得た場合には、Ｃが所有者であるということを主張できます。他方、甲が動産の場合には、引渡しを受けたＢが、自分が所有者だということを主張できるわけです。なお、こうした対抗要件としての引渡しとして具体的に何が必要かについては色々と難しい問題もあるのですが、これについては物権法を学ぶ中で勉強してもらうことにしましょう（面倒なことは全部先送り！）。

## ■売主が所有権を有していなかった場合

対抗問題というのは、二重譲渡が典型的ですが、両立することができないような権利がぶつかる場面でいずれが優先するかを決定するものです。しかし、そもそも売主が所有権を有していなかったという場面ではどうなるのかについてもう少し考えてみましょう。

> 設例❶　Aは、自分が占有している自転車甲を一万円でBに売り、甲をBに引き渡した。しかし、甲の所有者はCだった。
>
> 設例❷　Dは、自分名義の土地乙を一〇〇〇万円でEに売り、Eに所有権移転登記がされた。しかし、乙の所有者はFだった。

この二つの設例で、なぜ別の人が所有している甲について、Aが占有していたのか、Dが登記名義を有していたのかについてはさまざまな理由が考えられますが、ここではそこには立ち入らないことにしましょう。ただ、このように他人の物を売るというのはおかしいのですが、すでに他人物売買で触れたように契約自体が無効となるわけではありません。この場合、AやDは、売買契約に基づいて真の所有者であるCやFから所有権を取得して、BやEに移転する義務を負います【Ⅲ②：五六一条】。ただ、Cや

Fが所有権の移転に同意してくれない限り、それを実現することはできません。

さて、こうした設例❶では引渡しによってBが対抗要件を備えたとしても、また、設例❷では所有権移転登記によってEが対抗要件を備えたとしても、それによってBやEが所有者になるわけではありません。すでに説明したように、対抗要件というのは、一応権利を取得したと評価される者の間で、その優劣を決める制度だからで、もともと所有権を有していない者は所有権を相手方に移転することができません（先ほど触れた無権利の法理です）。

それでは、BやEは所有権を取得する可能性はまったくないのでしょうか。

まず、設例❶のBですが、実は所有権を取得する可能性があります。それは**即時取得**（**善意取得**とも呼びます）というしくみによってです。これは、取引行為によって平穏かつ公然と動産の占有を始めた者が、善意無過失であれば、その動産についての権利（ここでは所有権）を即時に取得するというものです【Ⅱ：一九二条】。したがって、さきほどの例で、Aとの売買契約によって甲の引渡しを受けたBが善意無過失であれば（Aが所有者ではないということを知らず、また知らなかったことについて過失がなければ）、Bは甲についての所有権を取得することになります。

ここで、Cの所有権はどうなったんだ?、という疑問を持った諸君もいると思います。実に適確な疑問です。実は、Cの所有権は消えてしまいます。このときに注意してほしいのは、CからBに所有権が移転することによってCの権利が消えてしまうのではないという点です。あくまで即時取得というしくみによってBのところでポコッと新しい所有権が発生するのです（**原始取得**と言います。それに対して、

AからBとか、CからBというように前主の所有権を移転してもらうのを**承継取得**と言います）。そして、一物一権主義という物権法上のルールから、Bの所有権と矛盾するCの所有権は反射的に消えてしまうのです。

それでは、設例❷のEは、同じように所有権を取得することができるのでしょうか。これはできません。上記の即時取得はあくまで動産のみを対象とするルールだからです。Dが所有者ではなかった以上、Eは承継取得による所有権取得の可能性はありませんし、また、不動産については即時取得のしくみが用意されていない以上、原始取得の可能性もないということになります。

こうした違いは、動産と不動産の性質の違いに由来するものです。民法では、さまざまな場面で出てくるのですが、**取引の安全**を保護するという要請（安心して買うことができるという要請。BやEの保護につながります）と真の権利者を守るという要請（**静的安全**といって、本来の権利者であるCやFの利益を保護するものです）というそれ自体は矛盾する要請のバランスをとることが求められます。

動産というのは、物によって異なりますが、比較的簡単に取引されるものですから、相対的に取引の安全が重視されます。他方、不動産ではより静的安全が重視され、取引の安全は対抗要件制度を通じて保護されるのにとどまります。

もっとも、上記の設例❷でEは絶対に保護されないのかというと、実は保護される可能性はあります。たとえば、Fが債権者からの執行を免れるためにDと通謀して、Dに売却したことにして登記を移転していた場合（通謀虚偽表示の場合）、FD間の譲渡は無効だということは、Eが善意であれば主張することはできません【Ⅰ：九四条二項】。また、こうした通謀がなかったとしても、登記が真実に反してD名義になっているのにFがそれを知りながら放置していたという場合、前に説明した民法九四条二項の類推適用によって（↓九六頁）、やはりEには対抗できないということは考えられます。これらの方法では、Eとの関係では、Dには所有権があるということを前提として（つまり、FはDが無権利者であるということを主張できないという形で）、問題が解決されることになります。

# 第15章　賃貸借

■**賃貸借における基本的な法律関係**　典型契約として、売買の次に、やはり比較的身近な賃貸借を取り上げることにしましょう。賃貸借は、対価（**賃料**）を払って物を借りるという契約です。**賃貸人**（貸主）は、**賃借人**（借主）に対して、目的物を使用・収益させる債務を負います。他方、賃借人は、それに対して対価（賃料）を支払う債務を負う、というのが基本的な関係です。

■**目的物の使用・収益**　賃貸人は、すでに述べたように、目的物を使用・収益させる債務を負います。逆に言えば、賃借人は、賃貸借によって、目的物の使用・収益をする権利を取得します。

使用というのは、本来の用法に従ってその物を使用することですし、収益というのは、その物を利用して収益を上げることです。ちょっと前に、所有権は、目的物を使用・収益・処分することができる権利だという説明をしました【Ⅱ：二〇六条】（↓一二八頁）。それと対比すればわかると思いますが、賃借人は、目的物を使用・収益することはできても、処分することはできないわけです（たとえば、目的物を売却したり、廃棄したりすることはできません）。

こうした目的物を使用・収益させる賃貸人の債務は、目的物を引き渡してしまえば、通常は、賃借人の使用・収益を容認するというだけで、積極的な行為が求められるわけではありません（賃借人の使用・収益を容認するだけです）。

しかし、たとえば第三者が目的物を勝手に利用していて、賃借人の利用が妨げられている場合（貸した土地に第三者が勝手に資材等を置いていた場合）、賃貸人はそうした第三者の妨害を排除することが賃貸借に基づいて求められます。もっとも、賃借人が賃借権についての対抗要件を備えている場合には（賃借権の対抗要件については後ほど説明します）、賃借人自らがこうした**妨害排除請求権**を行使することができます【Ⅲ②：六〇五条の四】。こうした賃借権に基づく妨害排除請求権については、債権法改正で明文の規定が用意されました。

また、賃貸人は、賃貸物の使用及び収益に必要な修繕をする義務を負っています。修繕が必要となったことについて賃貸人には責めがない場合、たとえば、台風で屋根の一部が破損して修理が必要となったという場合にも、こうした賃貸人の修繕義務が認められます。ただし、賃借人の責めに帰すべき事由によってその修繕が必要となったとき、たとえば、賃借人自身の不注意で家の一部を破損してしまったような場合には、こうした修繕義務は認められません【Ⅲ②：六〇六条一項】。なお、賃貸人が修繕等、賃貸物の保存に必要な行為をしようとするときに賃借人はそれを拒むことはできません【Ⅲ②：六〇六条二項】。目的物の修繕は賃貸借に基づく賃貸人の義務であるとともに、賃貸人の権利でもあるということになります。

**■目的物の使用・収益に関して賃貸人がなすべきこと**

**■目的物の滅失**　ところで、台風で屋根の一部が破損した場合、賃貸人が修繕義務を負うと書きましたが、もっと深刻な被害が生じた場合にはどうなるのでしょう。台風で屋根が完全に飛ばされてしまって復旧するには莫大な費用がかかるという場合にも、修繕が必要なのでしょうか。あるいは、完全に家が倒壊してしまったという場合には、再築が必要とされるのでしょうか。

これについて、民法は、賃借物の全部が滅失その他の事由によって使用・収益をすることができなくなった場合には、賃貸借は終了すると規定しています【Ⅲ②：六一六条の二】。したがって、家が倒壊した場合はもちろん、屋根が完全に飛ばされてしまったという場合にも、賃貸借契約は、当然に（つまり解除による必要はなく）、終了することになります。こうした賃貸借の終了については、判例が示していたルールですが、債権法改正で民法の規定として用意されました。

**■転貸と賃借権の譲渡**　ところで、みなさんも**又貸し**という言葉を聞いたことがあるのではないかと思います。これは借りた物をさらに誰か他の人に貸すというものです（**転貸**と呼びます）。

賃借人は目的物の使用・収益ができるのだから、問題なさそうにも思いますが、民法は、賃貸人の承諾を得なければ、こうした転貸や**賃借権の譲渡**（これは賃借権そのものを譲渡するというものです。民法は転貸と併せて規定していますが、ここでは転貸に限ってお話ししたいと思います）はできないとされていま す。そして、賃借人が賃貸人の承諾を得ずに目的物を第三者に使用・収益させたときは、それを理由として賃貸人は賃貸借契約を解除することができます【Ⅲ②：六一二条】。賃貸借では、賃借人が目的物を使用・収益するわけですから、誰が賃借人であるのかは賃貸人にとって重要です。こうした賃貸借は、賃借人に対する一定の信頼関係を基礎にしていると言うことができます。転貸されると、自分の予定していなかった人が目的物を利用することになるので、こうした厳しいルールが用意されているわけです。

他方、賃貸人の承諾があれば、転貸も可能です。AがBに賃貸し、BがAの承諾を得てCに転貸したという場合、AB間の賃貸借とは別に、BC間の賃貸借（**転貸借**と呼びます）があることになります。この場合、**転借人**であるCは一定の範囲で、転貸借の当事者ではないAに対して転貸借の賃料についての支払債務を負担します【Ⅲ②：六一三条一項】。

また、こうした関係において、AB間で賃貸借契約を**合意解除**しても（合意解除というのはあとで説明しますが、債務不履行等の理由がなくても、当事者の合意で契約を解除するというものです）、その解除は転借人であるCには対抗できないとされています【Ⅲ②：六一三条三項】。転貸借というのは賃貸借を前提とするものですから（転貸借におけるBの貸主としての地位は、AB間の賃貸借に由来するものです）、AB間の賃貸借が解除されれば、BC間の転貸借を実現できなくなりますが、AB間の合意でCの立場を不安定にすることを避けることを目的としています。しかし、同時に注意してほしい点があります。ここで対抗できないとされているのは、あくまで合意解除についてです。Bが賃料等を支払わないために、AがAB間の賃貸借契約を解除すると（**債務不履行解除**と呼びます。これもあとで説明しますが、債務不履行を理由として法律上認められた解除権を行使することです）、Cの転借権は根拠のないものとなり、Aからの目的物の返還請求に応じなければなりません。

もうひとつの重要な問題が、目的物が譲渡された場合の扱いです。

## ■目的物の所有権の移転と賃貸借

Aが自分の所有している不動産甲をBに賃貸したという場合で考えてみましょう。所有者であるAは、使用・収益については賃貸借に基づいてBとの関係で制限されますが、処分については何も制限されていません。こうしたAは、甲を第三者Cに譲渡することも可能です。それでは、その場合、AB間の賃貸借やBの賃借人としての立場はどうなるのでしょうか。

まず、契約についての一般的なルールだけを前提に考えてみましょう。この場合、AB間の賃貸借契約そのものは当然に無効になったりするわけではありませんが（他人物売買が契約として有効なように、他人物賃貸借もそれ自体としては有効です）、しかし、Cが自分の所有権に基づいてBに甲の引渡しを求めてくると、Bはそれを拒むことはできません。Aと賃貸借契約を締結していると主張しても、それはあくまでAB間の契約であり、契約当事者ではないCとの関係では意味がないからです。これを逆手にとると、AがAB間の賃貸借をやめたいと考えたときに、その理由がない場合にも（Bはちゃんと賃料を支払っているし、目的物をきちんと利用しているという場合、債務不履行を理由に解除することはできません）、Aは第三者Cに目的物を譲渡してしまえば、新たに所有者となったCによってBを追い出すことが可能となります。

■**賃借権の登記と地震売買**　こうした点が特に深刻な問題となるのは、AがBに土地甲を貸し、その甲の上にBが自分自身の費用で建物乙を建築しているような場合です（土地甲の所有者はA、建物乙の所有者はBです）。民法は、こうしたBの地位を守るために、「不動産の賃貸借は、これを登記したときは、その後その不動産について物権を取得した者に対しても、その効力を生ずる」と規定していました（これは債権法改正前の条文です）。したがって、**賃借権の登記**（上記の例であれば、土地甲についての賃借権の登記）があれば、BはCとの関係でも賃借権を対抗することが可能です。しかし、賃借権の登記は賃借人から賃貸人に対して当然に求めることができるわけではなく（賃借権の登記をするためには賃貸人との間の特約が必要です。売主に対して所有権移転登記への協力を当然に求めることができる買主の場合とは大きく異なります）、実際には賃借権の登記はほとんどなされていません。そのため、AがCに譲渡してしまえば、Cを通じてBを追い出すことが可能となってしまいます。こうした関係を利用して問題となったのが、**地震売買**と呼ばれるものです。これは日露戦争後に地価が高騰した状況を受けて、土地の譲渡を仮装して、地代の値上げを実現しようとしたものでした。土地（甲）が動くことで、建物（乙）が揺さぶられることにたとえて、地震売買と呼ばれたのです。

■**特別法による賃借権の対抗要件の拡張**　上記のように、民法の定めた賃借権の登記だけでは賃借人を実質的に保護することはできませんでした。こうした状況をふまえて、特別法によって賃借人の権利を保護するしくみが作られました。上記のAから借りた土地甲にBが建物乙を有しているという場合に関して、Bが建物乙の登記を有していれば、土地甲の賃借権についても対抗できるとされたのです【借地借家法一〇条】（厳密には、条文では、「**借地権**」が対抗できるとされています。この借地権というのは、「建物の所有を目的とする地上権又は土地の賃借権」【借地借家法二条一号】のことですが、ここでは賃借権だけを考えてもらえば十分です。なお、このことは当初は建物保護法という法律の中で規定されていました）。結局、登記が必要じゃん！といわれそうですが、賃借権の登記と違って、Bが自分自身の所有する建物乙について登記をするために、Aの協力は必要ではなく、Bが単独でなすことができます。その点で、両者は決定的に違うわけです。

## ■目的物の所有権が譲渡されてからの法律関係

さて、賃借人Bが保護されるということはある程度わかったと思いますが、甲の所有権がAからCに移転してから、ABCの関係はどうなるのでしょうか。この点は、債権法改正でかなり明確に規定されました。

まず、目的物の所有権を譲り受けたCとの関係で、「不動産の賃貸借は、これを登記したときは、その不動産について物権を取得した者その他の第三者に対抗することができる」とされており【Ⅲ②：六〇五条】、これは基本的には、改正前の規定と共通ですが（特別法による対抗要件の拡張も維持されています）、譲受人Cを含む第三者に対してBが賃借権を対抗できるのだということがより明確にされました。

また、新たに民法六〇五条の二が置かれて、賃貸借の対抗要件を備えた不動産が譲渡されたときは、原則として、その不動産の賃貸人たる地位は譲受人に移転するものとされました。つまり、Bが土地甲についての賃借権の対抗要件を備えていれば（上述のとおり、賃借権の登記のほか、建物乙の登記を備えている場合にもこれに該当します）、賃貸借の当事者はＡＢではなく、ＣＢになるわけです。こうした契約上の地位の移転は通常は当然に認められるものではありません。のちほど契約上の地位の移転について説明しますが、その際になぜ賃貸借ではこれが可能なのかという点についても触れることにしましょう。

なお、ＡＣの合意で甲の所有権は移転するが、Ｂとの賃貸借契約の当事者としての地位（賃貸人の地位）はＡに留保するということは可能なのでしょうか。もし可能だとすると、それまで賃借人であったＢは実質的には転借人ということになり（実質的にはＣＡ間の賃貸借、それをふまえたＡＢ間の転貸借ということになります）、Ｂはかなり不安定な立場に置かれることになります。改正された民法六〇五条の二の第二項は、こうしたＡＣ間で賃貸借の合意をしてＡの賃貸人たる地位を留保することを認めつつ、ＡＣ間の賃貸借が終了した場合には（この終了がどのような理由によるものかについて限定されていません）、Ａに留保されていた賃貸人たる地位はＣに移転するとして、Ｂの不安定な状況を回避する工夫がなされています。

## ■賃貸借の終了

さて、賃貸借のように継続的な契約関係が終了する場合について最後に説明することにしましょう。

まず、契約で合意された期間が満了すると、それによって賃貸借は終了します。なお、借地借家法によれば、土地や建物の賃貸借については一定の期間以上とすることが求められており、また、期間の満了によって当然に終了するわけではなく、一定の場合には更新が認められて、賃借人の保護が図られています。しかし、この点については、あらためて賃貸借を本格的に勉強する際に学んでもらうことにしましょう。

次に、すでに説明したように、賃貸借の目的物が滅失するなどした場合にも賃貸借は終了します。

また、当事者の合意解除のほか、債務不履行解除も考えられます。無断転貸による賃貸人からの解除についてはすでに説明しました。また、賃借人の賃料の不払いという債務不履行による賃貸人からの解除も考えられます。もっとも、こうした無断転貸を理由とする解除や一般的な賃借人の債務不履行を理由とする解除については、判例によって**信頼関係破壊の法理**と呼ばれる考え方が展開され、ある程度制約されています。これは形式的には債務不履行が認められるとしても、賃借人の義務違反の内容や当該事案における事情などをふまえて判断し、賃貸人と賃借人との間の信頼関係を破壊したとは認められない場合（賃貸人に対する背信行為と認めるに足りない特段の事情がある場合）には解除を認めない、というものです。こうした信頼関係破壊の法理の背景には、特に居住用や営業用の土地・建物は生活の基盤を構成するものであり、その点をふまえて賃借人を保護する必要があるという考え方があると考えられます。したがって、あらゆる賃貸借について信頼関係破壊の法理が問題となるわけではないと考えられます。

## ■賃貸借と使用貸借

賃貸借と異なり、使用・収益をすることについての対価を支払わないのが**使用**

貸借です。売買と贈与は、有償か無償かがその用語（表現）からも区別することができますが、使用貸借と聞くと、普通の人は、利用するために借りることという程度で、別に無償ということが含まれているとは考えないように思います。私も学生時代、かなり違和感がありました。ただ、ここではそういう言葉なのだと諦めてください。

さて、使用貸借も当事者の合意だけで成立する諾成契約です【Ⅲ②：五九三条】。もっとも、借主が目的物を受け取るまでは貸主は解除ができます。ただし、書面による使用貸借ではこうした解除権が制限されています【Ⅲ②：五九三条の二】。贈与のところでも説明したように（→一一四頁）、契約の拘束力の発生時期という観点からは、実質的には要物契約としての使用貸借（目的物の引渡しを要件とする使用貸借）と要式契約としての使用貸借（書面による使用貸借）の二つがあるという見方もできるように思います。

使用貸借では、貸主には、借主が目的物を使用・収益することを容認するという以上の積極的な義務はありません。目的物の維持・管理に必要な費用（**必要費**と呼びます）は、借主が負担します【Ⅲ②：五九五条一項】。

使用貸借は、①当事者が合意した期間の満了によって終了するほか、②借主が合意された目的に従った使用及び収益を終えた場合（使用貸借の期間を合意しておらず、使用・収益の目的を合意していたとき）、③借主の死亡によって終了します【Ⅲ②：五九七条】。①は賃貸借と同様ですが、②③はそれとは異なり使用貸借に固有の終了原因です。特に、③は対価を伴わず経済的合理性によっては基礎づけられず、人的な信頼関係を基礎とする使用貸借の性質を端的に示すものだと言えそうです。Ａ（貸主）は、ごく親しいB（借主）だから目的物を貸したのだとしても、Bが亡くなった場合に、その相続人である会ったこともないCに目的物を無償で利用させる合理性はないからです。賃貸借の場合、賃貸人・賃借人いずれの契約当事者としての法的地位も相続による承継の対象となりますから、使用貸借とは大きく異なることになります。なお、④無断転貸や債務不履行による解除によって契約が終了するのは、賃貸借と同様です。

# 第16章　債権譲渡と契約上の地位の移転

## ■債権譲渡と契約上の地位の移転

ここで扱う債権譲渡と契約上の地位の移転は、いずれも賃貸借契約に限定された問題ではありません。まず、債権譲渡は、そもそも契約による債権に限定されない債権一般に関するものとして、民法の第三編・第一章（債権総則）に規定されています。また、契約上の地位の移転は、契約一般に関する規律として、第三編・第二章・第一節（契約総則）に規定されています。

ただ、本書は、これまでの説明でもうおわかりだと思いますが、民法典の体系に沿ってもれなく説明するということはまったく意図しておらず、債権総則や契約総則に規定されていることも、できるだけ実際の問題の中に組み込んで説明していこうと考えています。そのうえで、契約上の地位の移転の説明は賃貸借を例にするのが一番わかりやすそうだと考え、ついでに、扱いの困っていた債権譲渡もここに入れてしまえということにしたわけです。

## ■債権譲渡

**債権譲渡**は、債権者が自分の有している債権を他人に譲渡するというものです。たとえば、以下のようなケースで考えてみましょう。

設例　Aは、自己所有の家屋甲をBに、月額一〇万円の家賃で貸している。Aは、〇年〇〇月以降の三年間の家賃債権を、Cに譲渡した。

債権というものは目に見えません。その点では、目に見える不動産甲や動産乙を譲渡するというのとは違い、実感としてはピンとこないかもしれません。しかし、不動産甲や動産乙を譲渡するという場合も、実は、それ自体としては目に見えない甲や乙の所有権が譲渡されているのです（幸いなことに、私はまだ所有権を見たことはありません。所有権を見たときは病院に行った方がよさそうです）。同様に、〇年〇〇月以降の三年間の家賃債権（Bに家賃の支払いを求めることができる権利）を譲渡するのが債権譲渡だということになります。

こうした債権譲渡が可能であるのかどうかについて、かつては議論がありました。もっとも、それは実質的にそうした権利を処分することができるのはおかしいといったことではなく、債権の同一性を維持しながら債権譲渡を認めることは論理的に可能なのかというかなり形式的な問題でした。

債権が、「特定の者（債権者）が特定の者（債務者）に対して特定の行為（債務の履行）を求めることができる権利」だと定義をして、この定義を文字通り貫こうとすれば、債権譲渡をすれば債権者が替わってしまうので、もはや同一の債権とは言えないということになってしまいます。実際、ローマ法では、こうした観点から債権譲渡は認められていませんでした。もっとも、ローマ法でも更改（これは契約によって旧債務を消滅させて新しい債務を発生させるというしくみです【Ⅲ①：五一三条】）によって債権を譲渡するのと同様のことを実現していたので、そうしたニーズ自体はあったわけです。

こうした議論はあったものの、日本の民法典では最初から債権譲渡について規定が置かれていました。こうした債権譲渡が可能であるということを考えると（つまり、債権の同一性を維持したまま債権者が変更するということを認めるのであれば）、債権は、「特定の者（債務者）に対して特定の行為（債務の履行）を求めることができる権利」であると理解する方が適切かもしれません。

### ■債権譲渡の当事者

債権の定義と同一性という点にあまり神経質にならなければ債権譲渡は可能だということになります。また、債権譲渡には、たとえばまだ履行期が到来しておらず返済を求めることができない債権を譲渡することによって現金化する、あるいは、債権譲渡という形で別の人に債権を回収してもらうといった機能もあり、その経済的なニーズもあるわけです。

さて、この債権譲渡の当事者ですが、旧債権者（設例のA）と新債権者（設例のC）の二人の合意によって債権を譲渡することができます。この場合、債務者（設例のB）の同意等は必要ではありません。甲という所有権を旧所有者と新所有者との合意で移転することができるというのと同様に、債務者に対する債権を旧債権者と新債権者の合意で移転することができるわけです。

### ■債権譲渡の対抗要件

実は債権譲渡に関しては、少々面倒な問題があります。それは債権譲渡の対抗要件という問題です。対抗要件については、すでに第14章で説明しました。そこでは、たとえば不動産所有権についての対抗要件が登記だといったことを説明しました。債権譲渡の対抗要件も、同じように対抗要件ではあるのですが、もう少しだけ面倒かもしれません。ただ、基本的な枠組みがわかれば、そんなに神経質になることはありません。

債権譲渡の対抗要件という場合、二つの問題が考えられます。

第一に、債務者に対する関係で「私が債権を譲り受けた（だから、私が債権者である）」ということを主張することができるための要件としての対抗要件です。債権を譲り受けたのが私だけであっても、つまり債権の二重譲渡といった状況は生じていなくても考えられる問題です。これに対応するものは、不動産や動産の所有権の移転にはありません。

第二に、債務者以外の第三者との関係で、「私が債権者だ」ということを主張することができるための対抗要件です。これは、債権が二重譲渡された場合などについて考えられるもので、不動産や動産についての対抗要件とパラレルに考えることができるものです。

■**債務者に対する対抗要件**　債権の譲渡人（旧債権者）と譲受人（新債権者）との間で債権譲渡の合意が有効になされたとしても、債務者は、そうした合意について当然に知っているわけではありません（債権譲渡に債務者の同意は必要ありません）。上記の設例で、Cさんが、「この間の賃料については私が受け取ることになっている」と言ってきても、それをそのまま信じていいか、Bさんにはわかりません。

そんな債権譲渡の合意はないのにCさんが勝手にそう言っているだけかもしれません。あとでAさんから賃料を請求されたらどうしよう……と考えるのは当たり前です（当たり前なのです。ですから、怪しい請求には慎重に対応してください。私のところにも、そうした怪しい請求が時々あります。たとえば、「お願いした御原稿の締切の○月○日がかなり過ぎておりますが、脱稿の見通しだけでもお聞かせ頂ければ……」とかです）。

さて、話が本論から思い切りそれてしまいました。こうしたBのごく当然な疑問に答えるためのしくみが、債務者に対する債権譲渡の対抗要件です。

民法は、こうした債務者との関係での対抗要件について、譲渡人による債務者への通知、または債務者の承諾を規定しています【Ⅲ①：四六七条一項】。債務者の承諾は債務者自身によるものですからいいとして、ここで気をつけてほしいのは、通知はあくまで譲渡人からのものだということです。譲受人からの通知では本当に債権譲渡がなされたかどうかわからないからです。さきほどの設例だと、債権譲渡によって債権者ではなくなるAからこれこれの債権をCに譲渡したという通知があって、はじめてBは安心して、Cに履行することができることになります。

## ■債務者以外の第三者に対する対抗要件

さて、債務者以外の第三者との関係での対抗要件が問題となる典型的な場面は、債権が二重に譲渡された場合です。たとえば、冒頭の設例では、AがBに対する債権をCに譲渡したとなっていますが、同じ債権をAがDにも譲渡したというケースです。

もちろん、AはBに対する債権をすでにCに譲渡しているのだから、もはやDに譲渡はできないのではないかという疑問を持つ諸君もおられると思います。すごくもっともな疑問ですし、そうした考え方も十分にあり得ると思います。ただ、わが国の民法では、所有権の二重譲渡もそうでしたが、もはや二重に譲渡することはできないと考えるのではなく、二重に譲渡されたことを前提として、どちらが優先するのかという形で問題を考えていると思ってください。

さて、AのBに対する債権がCとDに二重に譲渡された場合に、CとDのいずれが勝つのかを決めるのが、ここでの対抗要件です。その点では、物権変動のときの対抗要件と似ています。

もっとも、対抗要件の中身はずいぶん違います。債権については、不動産における登記のようなしくみは用意されていませんから（不動産の場合と異なり、さまざまな債権が次々に成立し、また、次々に消えていくということを前提とすると、こうした債権のすべてを管理するようなシステムを構築することは困難です。厳密に言うと、一定の場合には債権についてもこうしたしくみが用意されていますが、ここでは省略します）、民法は、こうした第三者との関係での対抗要件も、債務者に対する対抗要件と同様に、譲渡人による債務者への通知または債務者の承諾であるとしつつ、それが**確定日付ある証書**によってなされることを求めています【Ⅲ①：四六七条二項】。何か不安定なしくみだという感じがするかもしれませんが、ここでは債務者が債権譲渡についての情報センターとしての機能を有していると考えると、少しだけ理解できるかもしれません。

さて、「確定日付ある証書」といった聞き慣れない言葉が出てきました。何が確定日付ある証書なのかは、民法施行法という法律に規定されています。たとえば、みなさんも言葉だけは聞いたことがあるかもしれませんが、**公正証書**や**内容証明郵便**も、そのひとつです【同法五条一項一号・六号】。比較的簡単に使うことができるものですから、内容証明郵便についてのみ、少しだけ説明しておきます。内容証明郵便も郵便のひとつですが、これを送付する際には、まず郵便局に三通の同一内容の書面を持っていきます。その三通が同じ内容であることを確認したうえで、郵便局では、一通を発送する人に戻し（控え）、一通を郵便局に保管して、そして、一通を相手先に送付します。これによって内容について争いが生じても、一定の内容が記載されていたということが保証されることになるのです。

こうした確定日付ある証書による通知等を求めるのは、債権譲渡やその通知がなされた日付を勝手に繰り上げたりできないようにするためです。

## ■二つの対抗要件の衝突

さて、第三者との関係での対抗要件についてある程度説明したわけですが、債権を二重に譲渡したという場合、二重に通知することも可能です。そうした二重の通知がなされた場合、複数の譲受人の優先関係はどのように決まるのでしょうか。さきほど説明したように、第三者との関係での対抗要件は確定日付ある証書による通知（または承諾）とされているので、その確定日付の日時の先後関係で決まるという考え方もあるかもしれません。しかし、ここでの優先関係は、その確定日付の先後ではなく、その確定日付ある証書による通知が債務者に到達した時点の先後で決まるとされています。この点は、さきほど述べた債務者が情報センターであるという説明をふまえるとわかるかもしれません。つまり、あくまで情報センターである債務者が通知を受け取った先後関係で決まるということになるわけです。

## ■債権譲渡と債務引受

ところで、債権譲渡と対になる概念として、**債務引受**があります。

最初に確認しておきたいのですが、債権者Aが債務者Bに対する債権を第三者Cとの合意で譲渡することができるのに対して、債務者Bが債権者Aに対する債務を第三者Cとの合意で譲渡するということは基本的にできません。BはAに対して債務を負っていますが、そうした債務をBは自由に処分することはできません。自分自身が有している権利と異なり、自分が一定の債務を履行しなければならないという法的地位（債務）を処分することはできないからです。

もっとも、一定の条件が整えば、そうしたBの債務をCが引き受けるということも可能です。これが債務引受です。債務引受について民法典には当初規定されていませんでしたが、債権法改正でそれまでの判例もふまえて新たに規定が設けられました。

債務引受には**併存的債務引受**と**免責的債務引受**という二つのタイプのものがあります。以下では、債権者Aが債務者Bに対して一〇〇万円の金銭債権を有しているという場合を前提に、この二つの債務引受について簡単に説明することにしましょう。

## ■併存的債務引受

これは、債務者Bは債務を負担したまま、第三者Cが新たに債務を負担するというものです。

ここでは本来の債権をめぐる関係、つまりAが債権者でBが債務者だということには何ら変化がありません。つまり、AがBに債権を有しているという状態を維持したまま、Aはさらに債務引受をしたCにも債務の履行を求めることができることになります。これはAにとって基本的に有利なものだと言えます。

こうした併存的債務引受は、①ABCの契約によって実現することは当然に可能ですし（特に規定は置かれていませんが、当然のことだと考えられています）、また、②A（債権者）とC（引受人）の契約によって実現することもできます【Ⅲ①：四七〇条二項】。この場合の併存的債務引受は、実質的には保証と同様の機能を営むものであり、あとで説明しますが、保証契約が債権者と保証人との合意によるものであることと同様に考えることができます。③最後に問題となるのがB（債務者）とC（引受人）の契約による併存的債務引受です。民法はこうした合意も有効であり、A（債権者）の承諾によって効力が発生するとしています【Ⅲ①：四七〇条三項】。このBC間の契約は保証委託契約（これについてもあとで説明します）と同じようなものとして理解することができるでしょう。

併存的債務引受においては、AB間の関係は維持されるので、債権者としてのAの保護はあまり問題となりません。

### ■免責的債務引受

他方、免責的債務引受は、C（引受人）がBの債務と同一の債務を負担し、Bは債務を免れるというものです。ごく大雑把に表現すると、こちらは債務の移転として理解することができそうです。この免責的債務引受は、債権者であるAにとっては重大な意味を持ちます。誰が債務者なのかという点は債権の価値を決定するうえで重要だからです（この点については責任財産の説明の中でもう少し詳しく説明します）。したがって、Aの意思を無視して、こうした免責的債務引受を実現することはできません。

こうした免責的債務引受も、①ＡＢＣの三人の契約によって実現することは可能です。また、②ＡとＣとの契約によって実現することも可能です。この場合、債権者の債務者に対する通知で効力が発生します【Ⅲ①：四七二条二項】。こうしたＡＣ間で合意された免責的債務引受は、ＣがＢの負担していた債務と同一の債務を負担するということについてのＡとの合意（これはＡとＣだけで決めることができます）とＡのＢに対する免除（債務の免除という債権の消滅原因）とによって構成されていると理解することができるでしょう。③問題となるのはＢＣだけの契約によって免責的債務引受を実現することができるのかという問題です。すでに説明したように債権者にとって誰が債務者であるかは非常に重要ですから、Ａの意思に関わりなく、ＢＣの合意だけで債務者を変更することができるというのは当然ではありません。民法は、「債務者と引受人となる者が契約をし、債権者が引受人となる者に対して承諾をすることによってもすることができる」と規定しています【Ⅲ①：四七二条三項】。これはＢＣ間の免責的債務引受の契約が有効だということを規定しており、さきほどの併存的債務引受の③の場合によく似ています。しかし、ここでは債権者が承諾することが求められているのであり、単なる効力発生要件として位置づけられているわけではありません。B（債務者）とC（引受人）の契約と言いながら、実質的には①と同様に考えてよいだろうと思います。

**■契約上の地位の移転**　**契約上の地位の移転**というのは、単に個々の債権についての譲渡や個々の債務についての引受けではなく、売主や買主、賃貸人や賃借人といった契約当事者としての地位それ自体を別の者に移転するというものです。債務引受と同様、契約上の地位の移転についても民法には規定されていませんでしたが、判例等によってこうした契約上の地位を移転するという合意は一定の範囲で認められてきました。債権法改正では、従来の判例等もふまえて新たに規定が設けられました。なお、債権譲渡や債務引受は、民法の第三編・第一章（債権総則）に規定されていますが、契約上の地位の移転は、民法の第三編・第二章・第一節（契約総則）に規定が置かれています。あくまで債権一般ではなく、契約に関するルールだからです。

AがBにビール一〇〇ダースを売却するという契約があったという状況を考えてみてください。この場合にAの売主としての地位が第三者Cに移転する、あるいは、Bの買主としての地位が第三者Dに移転するというのが、契約上の地位の移転です。

債権法改正で新たに規定が設けられたと説明しましたが、用意されたのは、「契約の当事者の一方が第三者との間で契約上の地位を譲渡する旨の合意をした場合において、その契約の相手方がその譲渡を承諾したときは、契約上の地位は、その第三者に移転する」【Ⅲ②：五三九条の二】という一ヶ条だけです。

この規定は、契約上の地位の移転が可能であるということとともに、契約上の地位の移転については、その譲渡人と譲受人の合意とともに、契約の相手方の承諾が必要だということを示しています。

契約上の地位の移転は、それが双務契約である場合には、債権譲渡（これについては債務者の同意は不要です）とともに、免責的債務引受を伴うことになります。その点で、相手方の承諾が必要とされるわけです。

■賃貸借における賃貸人の地位の移転

さて、契約上の地位の移転については譲渡人と譲受人の契約とともに、相手方の承諾が必要だと説明しましたが、ここで賃貸借における賃貸人の地位の移転についての説明を思い出してください（↓一四三頁）。そこでは、不動産の賃貸借において、賃借権の対抗要件が備えられている目的物の所有権が移転した場合、賃貸人たる地位は当然に所有権の譲受人に移転するということを説明しました【Ⅲ②：六〇五条の二】。

Aが不動産甲の賃貸人、Bがその賃借人で、Aが甲をCに譲渡したという場合に、Aの賃貸人たる地位がCに移転するということについて、さきほど説明された契約上の地位の移転との関係で考えてみましょう。契約上の地位の移転についての説明をふまえれば、相手方（賃借人）の承諾が必要なはずです。しかし、所有権の移転に伴う賃貸人たる地位の移転については、そうした要件は設けられていません。

これは、契約上の地位の移転についての特則だということになりますが、それは賃貸人としての債務の内容と賃借人の保護という観点から説明できるでしょう。賃貸人であるAは、賃借人であるBに対して、目的物を使用・収益させる義務を負っています。また、Aには、第三者の妨害を排除したり、目的物を修理したりすることも求められます。Aは、賃貸借契約に基づいてこうした賃貸人としての債務を負担しているわけです。そして、債務の移転（免責的債務引受）は、債権者の意思を無視して実現することはできません。債権者にとっては、誰が債務者であるかは債務の履行が実現されるかどうかに重要な影響を与えるものだからです。にもかかわらず、甲の所有権の移転によるAからCへの賃貸人の地位の移転が可能なのはなぜなのでしょうか。

ここでさきほど挙げた賃貸人の債務をもう一度見てみることにしましょう。実は、その履行のためには、AよりCが債務者である方が合理的だとわかるはずです。目的物を使用・収益させる債務は、基本的には賃借人の使用・収益を容認するというものですが、それは所有者であるにもかかわらず、使用・収益について自分の権利を主張しないという点にポイントがあります。これが当てはまるのはAではなくCです。また、妨害排除や目的物の修理も、自分の所有物だからこそ可能なのであり、こうした債務についても所有者であるCの方が履行をしやすいのです。

債権者にとって誰が債務者かは重要であり、勝手に債務を移転することはできないということは、こうした賃貸人の債務の内容という観点から、賃貸人の地位の移転については、必ずしも貫徹される必要はないということになるのです。

# 第17章　消費貸借

## ■消費貸借の基本的な法律関係と民法の中での位置づけ

ちょっと話題がそれますが、民法の中で典型契約がどんな順番で配置されているかを見ておきましょう。この本の中では、売買、賃貸借、消費貸借という順番で取り上げてきましたが、民法の契約の部分では、［贈与、売買、交換］、［消費貸借］、［使用貸借、賃貸借］、［雇用、請負、委任……］という順番に並んでいます。これは、基本的な給付の内容が何なのかという観点から、権利の移転（贈与、売買、交換）、目的物の利用（使用貸借、賃貸借）、役務の提供といった順番で並び、その中で無償契約と有償契約がある場合には無償契約を先に規定しています。ここでこんな説明をしたのは、消費貸借が実はちょっと面白い場所にあるからです。つまり、権利移転型の契約の［贈与、売買、交換］と利用型の契約の［使用貸借、賃貸借］の間にはさまっているからです。

これは**消費貸借**という契約の性質を端的に示しているように思います。消費貸借の典型的な例は、お金の貸し借りです。さて、「貸し借り」と言いましたが、私がみなさんに一万円を一週間という約束で貸したとします。賃貸借や使用貸借では、「借りた物」を返す必要がありますが、一週間後、「先生、ありがとうございました。助かりました！」と明るい表情で一万円札を持ってきてくれたみなさんに、私が苦虫を嚙みつぶしたような顔で、「君、これは私の貸した一万円札ではない。私が貸した紙幣の記番号と違うじゃないか！」と言ったとします。そんな馬鹿な！というのが、当然の反応でしょう。そのとおりです（ちなみに私は、本当はそんな阿漕な人間じゃありません！）。消費貸借における貸し借りは、金銭等を貸して、それと同じ種類、品質、数量の物（金銭であれば、同じ金額の金銭）を返せばいいというものなのです【Ⅲ②：五八七条】。本来が消費することによってその価値を利用する金銭においては、借主において消費して、それと同じ価値のものを返すということになるのです（もっぱら消費貸借においては金銭が念頭に置かれていますが、こうやって説明してくると、まさしく食べる以外に利用の方法がない炊いたご飯についても同じことが当てはまりますね）。

さて、消費貸借の最も基本的な性質については説明しましたが、こうした消費貸借の性質について、もう少し触れておきましょう。

**■消費貸借の基本的な性質**

まず、AがBに一万円を貸し、一定期間後にBがAに一万円を返すというケースで考えると、AからBへの一万円の給付、BからAへの一万円の給付があると理解しそうになりますが、消費貸借によって基礎づけられているのは、AがBに対して一万円の消費利用を一定期間認めるというものです。この一定期間の利用の付与というのが、AからBに対する給付だということになります。他方、BからAに対する給付については、何も説明されていません。この場合、一定期間の利用についてBがAに対して利息を支払うという約束があれば、その利息がBからAへの給付であり、有償契約だということになります（消費貸借における利息は賃貸借における賃料に相当します。一定期間の利用の対価というように考えるとわかりやすいかもしれません）。他方、こうした利息の約束がなければ無償契約だということになります。

次に、双務契約か片務契約かという点ですが、消費貸借契約が成立するには、原則として、借主が貸主から金銭等を受け取ることが必要です【Ⅲ②：五八七条】。そうすると、契約成立後にあるのは、BがAに一万円を返すという債務だけです。したがって、片務契約だということになります。利息付消費貸借は有償契約ですから、片務有償契約というちょっと変わった形態になるわけです。以前は好んでトリビア的に言及されたところですが、あまり神経質にならなくてもよいと思います。それよりは、あとで説明するように、貸す債務とはどのような性質を有するものなのかといった実際上の問題を考える方が重要でしょう（だったら話すなよ！、と言われそうですね）。

## ■消費貸借における損害賠償をめぐる問題

消費貸借の場合、債務不履行として最も問題となるのは、借主が借りたお金を返済しないという場合でしょう。これについてはあとで金銭債務（債権の目的物が金銭であるとき【Ⅲ①：四〇二条】）の不履行という項目で説明しますが、基本的には、実際に生じた損害等を問題とすることなく、利率によって計算される金額を支払うことになります。

もっとも、消費貸借における損害賠償としては二つの面白い問題があります。この本はあまり難しい問題には立ち入らないことにしていますが、ちょっと面白い問題なので触れておくことにしましょう。

第一に、さきほど触れたように消費貸借は原則として要物契約ですが、書面による消費貸借では書面による合意があれば消費貸借は成立します。したがって、貸主の貸す債務を観念することができます。たとえば、一定の融資を受けるということが経営している施設の拡充等で必要だという場合、この融資契約を守ってもらわなければ困るというのは借主として当然のことでしょう。問題は、そうした約束（貸す債務）が守られなかった場合の損害賠償です。貸す債務も返す債務と同様に金銭債務だと考えるのであれば、同様に、実際の損害等を問題とせずに、利率のみによって損害額が計算されることになります。もっとも、融資が受けられずに事業が失敗したという場合、そうした利率によって計算される損害（支払いが遅延したことによる損害）を支払えばよいというのは、かなり不自然であるように思われます。実際、この損害賠償については、通常の金銭債務の不履行とは異なるものと考えられていると思われますが、この場合に金銭債務の不履行のルールが適用されない点については、もう少し説明が必要となりそうです。

第二に、これはあとでお話しする点にも関わりますが、利息付消費貸借における早期返済についてです。債権法改正前は、この点についての規定はなく、債務者は期限の利益（履行期まで履行をしなくてよいという利益）を放棄することができるが、それによって相手方を害することができないという規定【I：一三六条】しかなかったために、利息付消費貸借（ここでは貸した期間に応じて利息を得られるという貸主の利益もあります）において、そもそも早期返済が可能なのかを含めて不透明な状況がありました。債権法改正では、返済時期の定めがあっても借主が早期返済することができるという規定が新たに設けられましたが、併せて、借主が早期返済したことによって貸主が損害を受けた場合にはその損害賠償を求めることができるとされました【Ⅲ②：五九一条三項】。これがかりに期限までの利息を受けられなかったことなのだとすると、早期返済しても、当初の期限までの利息を全部支払わなければならないということになってしまいます。返してもらった金融機関などは、その間、他に融資をすればよいのですから、こうしたことをそのまま認めるのはやはり不自然です（実際に、通常の融資契約では早期返済の場合、それに応じて利息が軽減されます）。ただ、それならここでの損害賠償とは何なんだ？、ということになりそうです。

この二つの点は、いわば債権法改正によってより強く意識されるようになった問題だと言えるでしょう。これらについては債権法改正の際の議論でも意識されていなかったわけではありません。ただ、ここで賠償が認められる損害が何であるのかを明確にする規定等は置かれませんでした。この点は、今後問題となるかもしれません。

■**消費貸借の終了**　賃貸借では、「賃貸借の終了」という形で規定が設けられていましたが、消費貸借では返還時期という形で規定されています【Ⅲ②：五九一条】。

まず、返還時期の合意がある場合には、その返還時期にならないと貸主から借主に返せと求めることはできません。当たり前ですね。返還時期の定めがない場合には、貸主は、相当の猶予期間を設けたうえで返還を求めることができます。

他方、借主からの「返す」という行為については、さきほど触れたとおり、返還時期の合意の有無にかかわらず借主からの早期返済が可能だということ、そして、その場合には貸主への損害賠償が必要になるかもしれないということが規定されています。

**■利息制限法**　さて、消費貸借では利息が重要な意味を持つわけですが、こうした利息については**利息制限法**によって上限等が定められています。

具体的には、元本の額が一〇万円未満の場合には年利二〇％、一〇万円以上一〇〇万円未満の場合には年利一八％、一〇〇万円以上の場合には年利一五％という制限が課されており、これを超える利息の合意は無効とされます（利息の合意が全部無効となるのではなく、これを超過する部分だけが無効となります。これを**一部無効**と呼びます）【利息制限法一条】。

通常は、契約の対価（すでに説明したように、利息は一定期間の金銭の消費利用に対する対価です）について法律が直接コントロールすることはありません（売買代金等を考えてください。もちろん、極端な場合には公序良俗違反として無効とされる可能性はあります）。それに対して、消費貸借の利息についてこうした規制がある背景には、消費貸借をめぐる事情があるのだろうと思います。融資を受けて、それを運用して利益を上げるという場合、その際の利息は運用した利益の配分だと言えます。この場合、どれだけの利息を支払うのかということは、借主の経済的な合理的判断によって決まることが期待されます。他方、今日、食べるものがない、倒産の危機を迎えておりそれを乗り越えなければならないという状況では、とりあえず一定の金銭を手に入れることが必要だということになり、利息についての経済的に合理的な判断を期待することはできません。利息が法律で制限される背景には、歴史的な事情も含めてさまざまな背景が考えられますが、少なくともひとつの説明として、こうした点を挙げることができるだろうと思います。

消費貸借については、他にも、**貸金業法**（貸金業者について登録制度を設け、必要な規制等を行う法律）や**出資法**（出資の受入れ、預り金及び金利等の取締りに関する法律。出資の受入れ等に関して規律する特別法で、著しい高利には刑事責任を科することなどが定められています。具体的には、年利で、約一〇九％を超える利息を合意したり、請求したりした場合、五年以下の懲役や一〇〇〇万円以下の罰金が科されます）が、利息等についての規律を置いています。

利息制限法に関しては、その他、任意に支払った超過利息は返さなくてもよいという規定（現在はありません）をめぐっての判例の展開、その後の特別法の改正等をめぐる状況、ＣＭで目にすることも多い払いすぎた利息の返還等、面白い問題は多いのですが、ここでは省略します。

# 第18章　役務の提供を目的とする契約

さて、最後に役務提供型の契約を取り上げることにしましょう。**役務**（サービス）というのは、何かを「する」ということです。ですから、役務提供型の契約というのは、合意したことを行うことを引き受ける契約だということになります（他の契約でも、何かをすることは必要となることはあります。ここでは何かをするということを契約の主たる目的とするという意味です）。

## ■役務提供型の典型契約

こうした役務提供型の契約として、民法は、**雇用**（労働者が使用者に対して労働に従事する債務を負担し、使用者がそれに対する報酬を与える債務を負担する契約）【Ⅲ②：六二三条以下】、**請負**（請負人がある仕事を完成する債務を負担し、注文者がその仕事の結果に対して報酬を支払う債務を負担する契約）【Ⅲ②：六三二条以下】、**委任**（受任者が法律行為をする債務を委任者に対して負担する契約）【Ⅲ②：六四三条以下】、**寄託**（受寄者がある物を保管する債務を寄託者に対して負担する契約）【Ⅲ②：六五七条以下】について規定を用意しています。こうした契約類型は、ローマ法に遡る歴史もあるのですが、相互の関係等についてはややわかりにくいように思います。たとえば、権利移転型の契約であれば、有償か無償かで、売買（交換）と贈与を区別することができます。また、同様に利用型の契約についても賃貸借と使用貸借を区別することができます。基本的に、こうした分類を通じて全体をカバーすることができますし、相互に重複はないことになります（実際には有償なのかについての判断が難しい場合があるとしても、有償だとすれば無償契約にはなりません。売買でありつつ、贈与でもあるという場合はないことになります）。それに対して、役務提供型の典型契約として規定された四つの契約は、そのように明確に相互の関係を整理することはできないからです。

その結果、いずれの契約に該当するかが明らかではない（ある契約を雇用契約と解するか、請負契約と解するか等が明確ではないといったことが考えられます）、あるいは、これらの四つの契約から抜け落ちる役務提供型契約があるのではないかという点が問題となります。まずは、民法が用意した役務提供型の契約についてそうした問題があるということを確認しておきましょう。

以下では、こうした役務提供型契約のうち、請負と委任、寄託に限って簡単に説明しておくことにします（雇用については、労働法をふまえて理解する必要があるので、ここでは他の契約との対比の中で触れるにとどめます）。

■ **請負の意義と性質**　上述のとおり、**請負**とは**請負人**が仕事の完成をする債務を負い、**注文者**がそれに対する報酬を支払う債務を負担する契約です。したがって、請負は双務有償契約だということになります。請負の具体例としては、洋服の仕立て、建物の建設、家具の製作、壁画の制作などのほか、コンピュータのプログラムの作成など物の引渡しを伴わないものも考えられます。

さきほど請負契約と雇用契約との区別が明確ではないことも考えられると書きましたが、民法の規定のうえでは、雇用契約は労働の提供そのものが契約の目的である給付であるのに対して、請負契約では単に作業をするだけではなく、その作業を通じて仕事が完成することが必要だという点で区別されています。もっとも、比較的単純な作業では、こうした労働の提供と仕事の完成がそれほど明確に区別されるわけではありません。今回は詳しく取り上げませんが、雇用契約は、いわゆる**労働法**に関する特別法によってかなり厳格にコントロールされています。以前、偽装請負といったものが問題となりましたが、これは被用者との契約を雇用契約ではなく、請負契約だとすることで、こうした労働法の規制を免れようとしたことが問題となったものです。

### ■請負の目的物の所有権

さて、請負では、家の建築や家具の製作など、目的とする物の完成とその引渡しという形で実現されるものも少なくありません。少し面白い問題として、目的物の所有権がどのように注文者に帰属するのかがあります。特に請負人が自分の所有する材料で完成させるという場合を前提に、この点を考えてみることにしましょう。

まず、一般的な所有権の帰属（物権法上のルール）から言えば、材料の所有者が請負人であれば、それを作業によって完成させた場合、その完成品の所有者も請負人となります。したがって、これを前提とすれば、その完成品についての請負人から注文者への所有権の移転が考えられることになります。これは売買における目的物の所有権の移転と基本的に同じ問題だということになりそうです。

もっとも、請負の場合、こうした所有権の移転について特約がある場合もあります。特に、建築に関する請負契約では、一定の段階で未完成の建物の所有権が移転することについて特約を用意することが少なくありません。この背景には、こうした契約では、一般的に、注文者の代金支払は契約の成立段階、工事の中途段階、工事の完成時に分けて支払われるという事情もあります。その点で、物の引渡しと代金の支払いを対置することができる売買とは異なります。

もっとも、こうした特約が第三者との関係で問題となったものもあります。問題となった事案では、注文者Aが建築業者Bに建物の建築を依頼し、AB間では、建物の建前（建物の主要な柱や梁、棟木などが完成すること）ができあがった時点で所有権がAに移転するという特約がありました。もっとも、実際にこの工事をしたのは、Bではなく、Bからさらにこの工事を請け負った建築業者Cでした（これを**下請**と呼びます）。Cは自分の材料でこの工事をしていたわけです。しかし、その後、Bが倒産してしまい、建前の完成には至っていたこの建物の所有権が誰に帰属するかが問題となりました。特約があるとは言っても、あくまでAB間の契約ですから、契約当事者ではないCを当然に拘束するものではありません。そうなると、本来の所有権の帰属のルールにしたがって、Cが所有者だということにもなりそうです。しかし、判例は、CはAB間の請負契約を前提として自らの下請の仕事をしていたのだということを重視して、この特約はCにも効力が及ぶとしました。こうした判断はどこまで一般化することができるのかということを含めて、非常に面白い問題を提供するものだと言えます。

■ **請負契約における中途挫折**　請負に関するもうひとつの面白い問題が、契約について途中で障害が生じたり、もはや契約内容を実現することができずに挫折したりした場合の法律関係です。ここでは二つの問題があります。

ひとつは、たとえば建築請負契約で建築途中の建物が台風のために被害を受けた場合、契約はどうなるのかという問題です。基本的には、請負は仕事の完成を目的とするものですから、そうした状況があっても、仕事（建物の建築）の完成が可能である以上、当然に履行不能となるわけではありません。しかし、一定の期日までに完成させることが必要で、もはやその期日には間に合わない、あるいは、必要な資材が調達できない、調達するためには莫大な費用がかかるという場合には、履行不能ということになり、それを前提として契約関係を考えることになるでしょう。なお、こうしたケースでも、請負人がすでにした仕事の結果のうち可分な部分の給付によって注文者が利益を受けたときは、請負人はそれに応じた報酬を受け取ることができます【Ⅲ②：六三四条】。

もうひとつは、このような状況で仕事の完成は可能であるとしても、それによって増加した費用についてどう考えるのかという問題です。これについて民法には特に規定はありません。そのため、こうした増加費用は、仕事の完成を請け負った請負人が負担することになります。もっとも、多くの建築請負約款（公共工事や民間において標準的な約款が用意されています）では請負契約代金の変更を求めることができる等とされています。

■**委任の意義と性質**　**委任**は、すでに説明したように、一方当事者（委任者）が、一定の法律行為をすることを相手方（受任者）に委託する契約です。したがって、これだけでは有償契約か無償契約か、双務契約か片務契約であるかは判断できません。委任において、報酬の特約がある場合には双務・有償契約だということになるし、そうした特約がなければ片務・無償契約となります【Ⅲ②：六四八条一項】。委任の具体例としては、委任者が、自分の所有している土地の売却を受任者に委任する場合や、指示した目的物の購入を委任する場合などが考えられます。

**■委任と代理**　さて、自分の所有する土地の売却を委任するという場合を考えると、すでに説明した代理との関係が問題となりそうです。

まず、A（委任者）が、B（受任者）に自己の所有する土地甲についての売買契約を締結することについて代理権を与え、その代理権に基づいてBがCとの間でAC間の売買契約を締結したという場合であれば、まさしく委任と代理は一体のものとして機能していると言えます。

しかし、常に、両者は不可分一体の関係にあるわけではありません。

委任がなくても代理が成立する場合として、法定代理があります。また、雇用契約や請負契約の中で代理権が授与されることもありますから、任意代理であっても、常に委任契約が必要だというわけではありません。

また、委任がある場合でも代理という形式は用いられない場合もあります。たとえば、私がゼミのあとで、「暑いから、○○君、缶ジュースを人数分買ってきてよ」と言って、お金を渡す場合、通常、委任状は作成しないでしょうし、○○君も、お店で「クボタ教授の代理人○○として、これこれの本数のジュースを購入したい」とは、おそらく言わないでしょう。これは顕名がないというより、そもそも代理ではなく、私から委任された法律行為が実現されていると考えるべきでしょう。

## ■受任者の義務

民法は、受任者の義務についてかなり詳しく規定しています。受任者は、善良な管理者の注意をもって委任事務を処理する義務（**善管注意義務**）を負います【Ⅲ②：六四四条】。委任契約は有償の場合も無償の場合もあるのですが、あとでお話しする寄託と異なり、委任が無償であったとしても、こうした受任者の善管注意義務は軽減されません。この背景には、委任が受任者の高度の能力等を前提とした信頼に基づくものなのだという理解があります。ローマ法では、そうした委任においてはそもそも報酬をとることができないとされていました。もっとも、現在の感覚では、高度の専門的知識や能力を前提とするものである以上、報酬を受け取ることは当然だという気もします。このあたりは委任という制度の理解をめぐる問題としても面白そうです。

さて、話が脱線しましたが、他にも受任者は原則として他の人に事務の処理を委ねることができないことなどが規定されています【Ⅲ②：六四四条の二】。また、受任者の**忠実義務**（他人の事務を処理する受任者は、その他人の最善の利益のためにのみ行為すべきだというもの）が論じられる場合もあります。こうした忠実義務として具体的に何が求められるのか、また、さきほど触れた善管注意義務とはどのような関係に立つのか等については、さまざまな議論があります。大変に面白い問題なのですが、ここでは、そうした点を指摘しておくにとどめたいと思います。

**■委任契約の終了**　委任契約は、委任された事務の処理が終われば（たとえば不動産甲の売却が委任され、実際に甲の売買契約が締結されれば）、それによって終了します。

しかし、それ以外にも、委任者あるいは受任者が死亡した場合等にも委任契約は終了します【Ⅲ②：六五三条】。委任者や受任者の法的地位が相続人に承継されるわけではありません。これは当事者間の高度の信頼関係に基礎づけられている委任の性格から理解できるでしょう。

また、ちょっと面白い終わり方として、民法は、各当事者が委任契約をいつでも解除できると規定しています。これはあとで説明する債務不履行を理由とする解除ではなく、委任者や受任者の一方的な意思で解除することができるというものです【Ⅲ②：六五一条】。必要に応じて、相手方に対する損害賠償は必要となりますが、これも当事者の信頼関係を前提とする委任の性格から理解できるでしょう。

**■準委任契約**　これを委任の最後で説明するということについては、本当のところはどうかとも思うのですが、民法が最後に規定しているのだからしかたありません【Ⅲ②：六五六条】。最後に説明するのが**準委任契約**です。私は学生時代、これを見て、最後に土俵際でうっちゃりをかけられたような衝撃を受けました。

この委任の最後に置かれた条文は、この節の規定（委任に関する規定です）は、「法律行為でない事務の委託について準用する」と書いてあるのです。

思わず、ちょっと待てよ！と言いたくなります。だって、委任は法律行為を対象とすることである程度限定されていたのに、法律行為ではない事務の委託も含まれるのなら、最初から、「事務の委託」を目的とすると規定しておけばいいじゃないかとも思うからです。

こうした準委任契約の内容としては、非常に多様なものが含まれます。現在では、それぞれ固有の非典型契約だと考えられていますが、以前は、診療契約や在学契約も、こうした準委任契約だとする理解も有力でした。こうなってくると、他の役務提供型契約との境界もさらにはっきりしていないということになりそうです。

もっとも、そうした不満や衝撃はあるとしても、こうした準委任契約についての規定が最後に置かれたことで、委任に関する規定は、役務提供型契約の最も広汎な受け皿として機能するようになったとも言えます。

**■寄託の意義と性質**　**寄託**というのは、基本的に、受寄者が寄託者から預かった物を保管するという契約です。寄託も、委任と同様、双務・有償契約の場合と片務・無償契約の場合があります。ここでは、有償か無償かで区別された面白い規定をひとつだけ取り上げておくことにします。

それは、「無報酬の受寄者は、自己の財産に対するのと同一の注意をもって、寄託物を保管する義務を負う」という民法六五九条です。寄託は、最終的に目的物を相手方に返還しなければなりませんから、本来であれば、受寄者は善管注意義務【Ⅲ①：四〇〇条】を負っています。しかし、この規定によって、無償寄託の場合には、受寄者は自己の財産に対するのと同一の注意義務を尽くせば足りるということになります。善管注意義務というのは、受寄者がどんな人であっても（自分のことについて大変にずぼらであったとしても）、あくまで善良な管理者（合理人）として注意を尽くしなさいというものです。それに対して、無償寄託の受寄者は、自分の物を扱うのと同程度に扱えば足りるということになるのです。

こうしたことは他人の物を親切心から預かったような場合を考えれば、それなりに合理的だと考えられるでしょう。自分の自転車も雨がかかる場所に保管しているのに、ただで預かった自転車はちゃんと濡れないようにしなければならないと言われると、むしろ非常識であるようにも思われます。もっとも、民法は無償の場合に、常にそうした扱いをしているわけではありません。すでに説明したように、受任者には委任事務の処理に当たって善管注意義務が課されていますが、これは無償の場合であっても軽減されません。その点で、こうした無償寄託の場合の注意義務の軽減は、委任と寄託の性格の違いも示していると言えます。

**隣人訴訟**

実は、民法六五九条に関連する深刻なケースとして隣人訴訟と呼ばれるものがあります。

ごく大雑把に事案を説明すると、Aが自分の子どもBを、隣人のCに預け、BはCの子どもDと遊んでいたところ、事故に遭って亡くなったというものです。Aは、Cに対して損害賠償を求めました。このケースでは、BとDが一緒に遊んでおり、Cは特にBとDで異なる対応をしていたわけではありません。

この事件で、裁判所は、不法行為法上の損害賠償請求権は合理人（善良なる管理者と基本的には同じ概念です）を基準とする過失によって判断されるとして、Cの損害賠償義務を認めました。もっとも、無償寄託に関する規定（そうした考え方）をこの場合に当てはめると、Cには義務違反はなかったように思われます。

こうした裁判所の判断は、損害賠償請求をしたAに対する批判や中傷も多発させることになりました。最終的に、勝訴していたAですが、訴えを取り下げてしまい、非常に後味の悪い終わり方になっています。

この問題は、価値判断として難しいものであるだけではなく、法律的にも非常に難しい問題を孕んでいます。興味がある人は、窪田充見『不法行為法〔第二版〕』五五頁をご覧ください。

# 第VI部　契約の実現と終了

ここでは契約がどのように終了するのかを見ていくことにします。契約には色々な終わり方があります。そうした契約の終わり方という形で焦点を当てて説明するのが、本書の第 VI 部です。ここでもちょっと欲張りにいくつかの内容を取り上げようと思っています。取り上げる内容は、三つに整理することができます。

第一に、契約に基づく債務が履行されて、つまり、契約が本来の目的を達成して役割を終えるという場面についての説明です。こうした債務の履行については、債務者が任意で履行する場合もあれば（世の中の大半はこちらでしょう。法律家が必要になるような場面は世の中では例外的ですし、それでよいのだと思います）、債務者が履行してくれず、債権者の側で履行を強制したり、損害賠償を求めたりするということも考えられます。ここでは、民法の第三編・第一章（債権総則）の第二節「債権の効力」、第六節「債権の消滅」に規定されている内容を取り上げます。

第二に、債権を実現するための責任財産をめぐる問題を取り上げることにしましょう。債権が任意にあるいは強制的に履行されるという場合、その前提になるのは、債務者が履行することができる、債務者にはそうした履行や損害賠償を実現するだけの財産があるということです。こうした債務者の財産を責任財産と呼ぶのですが、これがないと債務者に対して権利があるといっても、意味がないことになりかねません。これをきちんと確保することが契約を実現するために必要なわけです。ここでは、民法の第三編・第一章（債権総則）の第二節「債権の効力」から債権者代位権、詐害行為取消権を、また、第三節「多数当事者の債権及び債務」から保証債務を取り上げます。また、第二編（物権）から担保物権を取り上げます。ただし、全部の担保物権ではなく、抵当権に絞って取り上げることにします。

第三に、いわば目的を達成できなかった形での契約の終了として解除を取り上げます。これは、民法の第三編・第二章・第一節（契約総則）に規定されています。また、かなり性格が異なりますが、消滅時効による債権の消滅等、その他の終了原因についても触れることにします。消滅時効は、民法の第一編（民法総則）に規定されています。

# 第19章　弁済等による契約の実現

**■契約の終わり方**　契約は当事者の合意によって成立し、その契約に基づいてさまざまな効果が認められます。そうした契約は成立してすぐにその一生を終えるものもあれば、一定期間存続して、その後、契約の一生を終えるものもあります。

たとえば、コンビニやスーパーで商品を買うという場合（契約の種類としては売買です）は、前者でしょう。また、自動販売機で缶コーヒーを買うという場合には、そもそも、契約の成立→契約の効果→契約の終了というプロセスはあまり意識されないだろうと思います（もっとも、こうしたプロセスの区別が意味を失うわけではありません。たとえば、お金を入れて、ボタンを押したけれど缶コーヒーが出てこず、お金も戻ってこないという場合、契約は成立したのに、履行がされておらず、契約は終了していないということになります）。

もっとも、売買であっても、たとえば不動産の売買契約などにおいては、契約の成立と履行（履行による契約の終了）との間には一定の時間的間隔がある場合が多いでしょう。また、賃貸借のように一定期間継続することを前提とする契約では、契約の成立と契約の効果としての当事者間の関係（賃料の支払いや目的物を利用させるという関係）はより明確に区別されます。こうした契約でも、それが無期限のものではない以上（この点は難しい議論があるのですが、基本的には無期限の契約、永遠の契約というのは、法的には否定する見方が一般的です）、いつかは終了することになります。

これから取り上げるのは、そうした契約の終わり方に関わる問題です。契約の終わり方についてはごく大雑把に説明すると、以下のようなパターンに分けることができるでしょう。

①任意弁済等による場合　まず、債務者自身が強制されずに任意で弁済をすること（**任意弁済**と呼びます）などによって債務が消滅することが考えられます。世の中の大半のケースはこれに該当するだろうと思います。

②債務の強制的な実現による場合　次に、債務の任意弁済がなされないとしても、それが強制的に実現され、それによって債務が消滅することも考えられます。

片務契約であれば、その債務が①あるいは②によって実現されることで契約は終了します。また、双務契約では、双方の債務が、それぞれ①あるいは②によって実現されることで、契約が終了します。

③解除による契約の終了　もっとも、一方に債務不履行がある場合でも、その債務を強制的に実現することだけが解決ではありません。こうした場合に民法は、債務不履行を理由とする相手方（当該債務についての債権者）からの解除（**法定解除**、**債務不履行解除**と呼びます）を認めています。このほかに合意による解除（**合意解除**と呼びます）があります。

**■履行と弁済**　契約（債務）をめぐる説明の中では、債務の**履行**とか**弁済**といった言葉がよく出てきます。こうした言葉の意味について、少し触れておくことにしましょう。

債権は、特定の者（債権者）が特定の者（債務者）に対して特定の行為（債務の履行）をなすことを求めることができる権利です。債権の効力という観点からは、そうした定められた行為（債務）を履行するという言い方をします。一〇〇万円を借りた人がそのお金を返すことは債務の履行であるわけです。もっとも、お金を返すことを弁済と言う場合もあります。

実は、民法は、債権の効力というところでは、履行という言い方をしています。他方、債権の消滅というところでは、同じ行為について弁済という言い方をしています。ちょっとややこしい気がします。それだけではなくて、履行という言い方をするか、弁済という言い方をするかで、それに関する規定がどこに置かれるかも異なってきます。たとえば、いつ、どこで債務を履行するのかというのは、普通に考えれば、一連の問題で、どこかでまとめて規定しているようにも思います。しかし、あとで触れるように、いつまでに履行しなければならないのかについては（履行期については）、いつから遅滞の責任を負うのかという観点から、債権の効力のところに規定されています【Ⅲ①：四一二条】。他方、どこで履行するのかについては、債権の消滅原因としての弁済に関するルールとして、債権の消滅のところに規定されているのです【Ⅲ①：四八四条】。

もっとも、履行と弁済がまったく同じ意味なのかということについては、議論がないわけではありません。ただ、この本を読んでいるみなさんについては、そこであまり神経質になる必要はないと思います。まずは、履行と弁済が同じ意味だと思ってもらって結構です。

**■履行すべき時期（履行期）**　いつ債務を履行するべきなのか（この履行すべき時期を**履行期**と呼びます）については、さきほど説明したように、民法の第三編・第一章（債権総則）の第二節「債権の効力」の中で規定されています。ここでは、履行期に関して、民法は三つのタイプの債務を挙げています。

① 確定期限のある債務　**確定期限**のある債務というのは、○月○日までに履行しなければならないといった債務です。一番イメージしやすい債務かもしれません。こうした確定期限は、合意によって決まる場合もあれば（契約書の中で代金の支払期限を特定の日付で定める場合）、性質上、決まる場合もあります。契約ではありませんが、事故などによる不法行為法上の損害賠償債務については、その不法行為の時から当然に遅滞に陥るとされています（言い換えれば、不法行為の瞬間が、損害賠償債務の成立時期であり、同時にその履行期だということになります）【Ⅲ①：四一二条一項】。

② 不確定期限のある債務　**不確定期限**というのは、ある特定の日時に特定はしていないけれど、いつかは到来する期限というものです。たとえば、「○○が死亡したら」、「大学入試についての合否が確定したら」というのが不確定期限の例として考えられます。この不確定の期限が到来した後に履行請求を受けた時、または到来したことを知った時のいずれか早い時に債務の履行をすることが求められます（それを過ぎると債務不履行ということになります）【Ⅲ①：四一二条二項】。

**期限と条件**

民法の第一編（民法総則）の終わりの方に、「条件及び期限」という規定が置かれています。あまり神経質になる必要はありませんが、条件というのは、成否が不明なものです。それに対して、期限というのは特定の日付であったり、いつ実現するかは不明だったとしても、実現することは確かだというものです。本文で触れた例で、受験したという前提で、「大学入試についての合否が確定したら」というのは期限ですが、「大学入試に合格したら」というのは条件だということになります。

こうした条件と期限の区別の説明として、しばしば取り上げられるのが「出世払い」です。これは、「出世したら払ってね」というタイプのものです。これだけを読むと、出世払いは、「出世したら支払う」という条件付きの債務だということになりそうです。しかし、古い判例で、これは「出世するか、あるいは、出世しないことが確定した場合に払う」という不確定の期限付債務だとされています。少々味気ない気もしますが、おそらくどういった内容の債務なのか等に応じて判断するというあたりになるのではないでしょうか。

③ 期限の定めのない債務

最後に挙げられるのが**期限の定めのない債務**です。これは、履行期については特に定められていないという場合です。上記②は特定の日付ではないとしても、期限についての定めはありますから、この③には含まれません。履行はしなければならないけれど、その履行期については、特定の日付でも、一定のできごとの発生という形でも定められていないというのが、このタイプだということになります。

たとえば、単純に契約によって債務が成立したが、その履行期が合意されていないという場合が考えられます。もっとも、こうした場合、特別の合意がなくても、多くの場合には契約の性質上、履行期は定まっています。やや性格の異なるものですが、ある種の債務不履行の損害賠償債務については期限の定めのない債務だとされています。たとえば、あとで説明する安全配慮義務違反に基づく損害賠償請求債務は、期限の定めのない債務だとされています。期限の定めのない債務では、債務者は履行の請求を受けた時から遅滞の責任を負うことになります【Ⅲ①：四一二条三項】。

**■弁済の場所**　これもさきほど触れたことですが、弁済の場所については、民法の第三編・第一章（債権総則）の第六節「債権の消滅」に規定されています。弁済の場所については、もちろん当事者の合意があればそれによって決まります。合意がない場合、特定物の引渡しは債権発生の時にその物が存在した場所で、その他の弁済は債権者の現在の住所でされなければなりません【Ⅲ①：四八四条】。

ところで、弁済をするという場合、基本的に、債務者が自ら債権者のところに行って弁済するというタイプ（これを**持参債務**と呼びます）と債権者が債務者のところに行って弁済してもらうというタイプ

（これを**取立債務**と呼びます）の二つのタイプが考えられます。これは、何をすべきかということとともに、どこが履行すべき場所であるかを示していると言えます。民法は、こうした二つのタイプのうち、特段の合意がなければ持参債務になるとしているわけです。

■ **第三者による弁済**　これまでの説明では、債務者が弁済（履行）するという前提でお話ししてきました。債権というのは特定の者（債務者）に対して債務の履行を求めることができる権利なのですから、債務者が履行（弁済）するというのは当たり前と言えば当たり前です。

もっとも、債務者が弁済しなければならないということは、当然に、債務者しか弁済できないということを意味するわけではありません。民法は、まず第三者も（債務者の）債務を弁済することが可能だとしています【Ⅲ①：四七四条一項】。もっとも、いくつかの制約があります。

まず、債務の性質上、他の人では履行できない場合には、こうした第三者による弁済は認められません【Ⅲ①：四七四条四項】。たとえば、特定の人が演奏をする債務や壁画を描く債務、あるいは原稿を書く債務といったものも含まれるでしょうか。ちなみに、これを書いていて、ベルリン・フィルが、当時帝王とも呼ばれていたカラヤンに反旗を翻してザルツブルク音楽祭でのストライキに入ったところ、カラヤンがウィーン・フィルを呼んできたので、ベルリン・フィルの楽団員は衝撃を受けたというエピソードを思い出しました。ウィーン・フィルは、ベルリン・フィルの代役として世界の中でたったひとつ誰もが文句を言わない唯一のオーケストラだったというわけです（もちろん逆の関係も成り立つでしょう）。

もっとも、かなり以前に読んだエピソードなので、記憶違いがあるかもしれません。

さて、他にも制約があります。弁済をするについて正当な利益を有する者でない第三者は、債務者の意思に反して弁済をすることができません【Ⅲ①：四七四条二項】。もっとも、この制約は、逆に弁済をするについて正当な利益を有する場合には、債務者の意思に反してでも弁済が認められるということを意味します。こうした利益を有している者としては、物上保証人（債務者の債務のために自分の有する財産に抵当権などの担保権を設定している者）や担保権が設定された目的物を取得した者などが考えられます。これらの者は、債務が履行されないと、自分が所有している物について抵当権などが実行されてしまうからです。こうした者は、債務者が嫌だと言っても、自分自身の利益のために弁済をなすことができるとされているわけです（担保についてまだ説明していないので、このあたりの説明はピンとこないかもしれません。そのときは気にせずに、あぁ、弁済について利害関係を有する第三者がいるんだなぁ……という程度で読み飛ばしてください）。

ここで説明した制約の例外や他の制約も規定されていますが、それについては省略します。

そして、こうした第三者弁済がなされた場合、第三者から債務者への**求償**がなされることになります。つまり、債権者A、債務者B、第三者Cという関係で、CがAに対して弁済すると、その弁済によってBのAに対する債務は消滅しますが、CはBに対する債権（**求償権**と呼びます）を有するということになります。

ところで、Bが「嫌だ！」と言えば、正当な利益を有していないCは第三者としてAに弁済することはできません。しかし、実は第三者弁済によらなくても、（債務者の同意が必要ではない）債権譲渡によって同じような関係を実現することができるのです。この場合、ＣはＡに対して対価を支払って、債権を譲り受け、Ｃはその債権をＢに対して行使するということになります。お金の動きとＣがＢに対して債権を有するという基本的な全体像は同じなのです。よかったら図を書いて確認してみてください。

**■相殺**　弁済以外の債権の消滅原因のひとつに**相殺**があります。実際に使われる場面も多い、重要なしくみですから、ここで説明しておくことにしましょう。

相殺というのは、二人が互いに同種の目的を有する債務を負担している場合に、一方から他方に対する相殺の意思表示によって、双方の債務が互いに相殺に適するようになった時（**相殺適状**になった時）に遡って、双方の債務が消滅するというものです【Ⅲ①：五〇五条、五〇六条】。

たとえば、ＡがＢに対して五〇〇万円の金銭債権を有しており、他方、ＢがＡに対して三〇〇万円の債権を有しているときに、ＡがＢに対して相殺の意思表示をすれば、Ａの債権（Ａが相殺した場合、**自働債権**と呼びます）とＢの債権（Ａが相殺した場合、**受働債権**と呼びます。Ｂが相殺の意思表示をした場合には、自働債権と受働債権は入れ替わります）とがいずれも弁済期を迎えて向かい合った時点に遡って、三〇〇万円の範囲で双方の債権が消滅することになります（Ａの債権は二〇〇万円に縮減し、Ｂの債権は消滅します）。このＡとＢは双務契約のような一つの契約の当事者である必要はなく、Ａの債権はＢに対する消費貸借契約甲に基づく債権であり、Ｂの債権はＡに対する売買契約乙に基づく債権であってもかまいません。

こうした相殺の機能として、決済の簡便化があることは明らかでしょう。しかし、それ以外に、相殺の重要な機能として担保機能があります。担保というのは、あとで説明するように、債権の履行を確保する手段です。こんな場合を考えてみてください。上述の例で、AはBに対して五〇〇万円の債権を有しており、BはAに対して三〇〇万円の債権を有しています。これだけであれば、相殺は決済の簡便化というだけです。しかし、これ以外に、CがBに対して二〇〇万円の金銭債権を有しているという場合を考えてみましょう。この場合、AとCは、それぞれBに対する債権を有しています。この場合（他に事情がないとして）、CはBに対して二〇〇万円の弁済を求めるほかはありません。他方、AはBに対して、相殺の意思表示をすることで、Cに優先して、五〇〇万円の債権のうち、三〇〇万円を回収することができます。これを担保的機能と呼ぶのです。実際には、一定の事情（たとえば、第三者であるCによるBの債権の差押え）が生じた場合に、Aの債権の履行期が自動的に到来して相殺適状になるといった特約（期限喪失の特約）とセットになることで、相殺の担保的機能が実現されることになります。

相殺というのは非常に重要なしくみで、特にこうした担保的機能をめぐっては、第三者（ここで挙げた例ではC）との関係についてさまざま論点があります。ただ、非常に技術的になりますから、ここでは相殺によって、自己の債権を優先的に回収することが可能となるという程度の説明にとどめておきたいと思います。

## ■弁済と相殺以外の債権の消滅原因

債権の消滅原因としては、弁済と相殺以外にも、更改、免除、混同について規定されています。これらについいは、ごく簡単に触れておきます。

**更改**というのは、従前の債務に代えて、新たな債務を発生させる契約です【Ⅱ①：五一三条】。たとえば、横山大観の絵甲を売買の目的としていたが、竹内栖鳳の絵乙に変更するといった場合が考えられます。前の方で説明したように（↓一四九頁）、ローマ法では債権譲渡は認められていませんでしたが、更改によって従前の債権を消滅させ、債権者を変更した新たな債権を発生させるという方法で、同様のことを実現していました。

**免除**というのは、債権者の一方的な意思表示で債務を消滅させるというものです【Ⅲ①：五一九条】。相手方（債務者）の同意等は必要とされません。

**混同**というのは、ここでは債権及び債務が同一人に帰属することです【Ⅲ①：五二〇条】。債権者Aが債務者Bを単独相続したという場合や、目的物甲の賃貸借において、貸主Cが借主Dに甲の所有権を譲渡した場合が考えられます。

**消滅時効による債権の消滅**

本文で説明した以外の債権の消滅原因として消滅時効があります。時効には、一定の期間の経過によって権利を取得する**取得時効**と権利を失う**消滅時効**があります。消滅時効は一定の期間の経過によって権利が消滅するというものですが、債権の消滅時効について、その一定の期間について、民法は二つのタイプを用意しています【Ⅰ：一六六条一項】。

①　主観的起算点からの消滅時効　　ひとつは、「債権者が権利を行使することができることを知った時」（**主観的起算点**と呼びます）から五年間、債権を行使しないことによる消滅時効です。

②　客観的起算点からの消滅時効　　もうひとつは、「権利を行使することができる時」（**客観的起算点**と呼びます）から一〇年間、債権を行使しないことによる消滅時効です。

ここでは、五年間や一〇年間という期間とともに、その期間をいつから数えるのか（時効の起算点と呼びます）、という点が重要だということがわかると思います。主観的起算点というのは実際に自分が債権を有しており、それを行使することができるということを認識した時で、他方、客観的起算点というのは客観的に債権を行使することができた時です。自分が債権を有していてそれを行使することができるということを知らなかったとしても、客観的に権利行使をすることができた時点から一〇年を経過すれば、消滅時効が完成することになります。

ところで、契約に基づく債権にも適用される消滅時効の規定は、本文で書いたとおりですが、不法行為に基づく損害賠償請求権（これも債権です）については特則が置かれています。それによれば、不法行為に基づく損害賠償請求権は、①損害及び加害者を知った時から三年間の消滅時効（**短期消滅時効**）、②不法行為の時から二〇年間の消滅時効（**長期消滅時効**）にかかるとされています【Ⅲ⑤：七二四条】。①は主観的起算点からの消滅時効、②は客観的起算点からの消滅時効にほぼ対応するものですが、いずれについてもその期間が異なっています（①の三年間は主観的起算点からの消滅時効の五年間より短く、②の二〇年間は客観的起算点からの消滅時効の一〇年間より長いですね）。

実は、こうした時効期間の違いがあとで説明する安全配慮義務が登場する契機となりました。問題となったのは、不法行為では三年間の消滅時効にかかってしまうケースでした。当時は、債務不履行の消滅時効は一般の債権の消滅時効による一〇年間だったので（この消滅時効を適用すれば、まだ時効は完成していませんでした）、安全配慮義務違反の債務不履行だとすることで、損害賠償を認めたのです。

もっとも、この点は、債権法改正で大きく変わりました。まず、一般の債権の消滅時効の規定に続けて、生命・身体の侵害による損害賠償請求権については、客観的起算点からの消滅時効期間を二〇年間とする特則が用意されました【Ⅰ：一六七条】。他方、不法行為においても、上記の規定に続けて、生命・身体の侵害による損害賠償請求権について、損害及び加害者を知った時からの消滅時効期間を五年間とする特則が用意されました【Ⅲ⑤：七二四条の二】。少々ややこしいかもしれませんが、生命・身体の侵害による損害賠償請求権については、いずれも長い方に合わせる形で、債務不履行と不法行為のいずれと構成しても、消滅時効の期間は同じになったのです。その点で、安全配慮義務による損害賠償請求という法律構成について、少なくとも消滅時効という観点からのメリットはなくなったと言えるでしょう。

　ところで、消滅時効は一定の時間の経過によって権利を消滅させると説明しましたが、一定の時間が経過すると当然に権利が消滅して行使できなくなるわけではありません。消滅時効が完成しても、それによって利益を受ける者（ここで説明している場合であれば債務者）が、消滅時効による権利の消滅を主張しないと（**時効の援用**と呼びます）、裁判所は消滅時効による権利の消滅を判断することはできません【Ⅰ：一四五条】。

## 第20章　履行の強制と損害賠償

### ■債務不履行

さて、ここで扱うのは債務不履行の場合に、債権者に何ができるのかということです。あっさりと債務不履行と書きましたが、まず債務不履行にどんなものがあるのかを確認しておくことにしましょう。ここでは典型的に問題となりそうな債務不履行のタイプを取り上げますが、分類自体にあまり神経質になる必要はありません。共通するのは、契約で合理的に期待されていることがなされないということです。

① **履行遅滞**　履行が可能であるにもかかわらず、履行期に履行がなされないという場合です。商品を○月○日に届けてもらうことになっていたのに届かなかった、マンションを○月○日に引き渡してもらうことになっていたのに引渡しがなされなかったといった場合がこれに該当します。

② **履行不能**　履行ができないという状況が生じた場合です。売買の目的物であった横山大観の絵画が売主の倉庫で生じた火災のために焼失してしまったといった場合がこれに該当します。

③ その他の債務不履行　履行遅滞、履行不能と説明してきて、「その他の債務不履行」というのはあんまりだ！と思われるかもしれません。しかし、「その他」としか言いようがないので、こうしておきます。

実は、①や②にはうまく該当しないさまざまな債務不履行があります。特に、契約の一方（債務者）が相手方（債権者）に対して、その義務違反（債務不履行）によって相手方の生命・身体あるいは財産を侵害したといったケースが考えられます。ここでは二つの例を挙げておきましょう。

ひとつは、使用者が被用者に対して、雇用契約等に基づく義務として、被用者の生命・身体等の安全に配慮する義務（**安全配慮義務**と呼びます）を負っており、それに違反した結果（設備や人員の配置等で十分に安全が確保されておらず）、事故が発生し、被用者が負傷したという場合です。

もう一つは、売買によって買主に引き渡した商品に欠陥があり、それによって買主に損害が生じたという場合です。たとえば、購入したテレビに欠陥があって出火し、買主の家が全焼してしまった、あるいは、購入した自動車にブレーキの欠陥があり、事故によって買主が負傷したといった場合が考えられます。これらについては、不法行為としての**製造物責任**（メーカーの責任）も考えられますが、契約に適合していない目的物を引き渡したことによる売主の責任も問題となります。

■**債務不履行に対する対応として用意されたしくみ**　以上のように債務不履行といっても異なるタイプのものがありますが、それに対して、民法は、基本的には三つの対応策を用意しています。まずは、それを見てみましょう。

①　**履行強制**　ひとつは債務の履行を強制するというものです。

②　**損害賠償**　もうひとつは債務不履行によって生じた損害の賠償を求めるというものです。たと

えば、履行期にマンションを引き渡してくれなかったために、別にウィークリーマンションを借りなければならなかったという場合、その費用についての損害賠償が考えられます。

③ **解除**　最後に、契約の解除も債務不履行に対する対応のひとつとして挙げることができるでしょう。履行期にマンションを引き渡してくれない場合、あくまでその契約の履行を求めて、履行強制や損害賠償を求めるということも考えられますが、しかし、そんな人から買う、あるいは借りるのはやめて、他に住むところを探した方がいいかもしれません。その場合には、まずその契約を解除することが必要となります。解除が何のために必要なのかといった点については、のちほど説明します。

さて、このそれぞれについて、以下でもう少し詳しく説明しますが、それぞれの関係について、ここでごく簡単に見ておくことにしましょう。

まず、上記の①②③は、債務不履行の場合に常に用いることができるというわけではありません。たとえば、履行不能の場合、もはや履行強制はできませんから、損害賠償か解除が対応措置として残ることになります。また、①②③が認められる要件も同一ではありませんから、あるものの要件は満たしていても、別のものの要件は満たしていないという場合もあります。また、要件を満たしているものが複数ある場合の相互の関係も問題となります。これについては、以下の説明の中で触れることにします。

■**履行の強制**　最初に説明したとおり、債務者が債務を自ら履行してくれない場合、その履行を強制することができます。当たり前と言えば当たり前の感じもしますが、実は、比較法的にはそれほど当然のルールではありません。「契約は遵守されなければならない（pacta sunt servanda）」というローマ法の格言があります。わが国でこの格言に言及する場合には、契約の拘束力という文脈で触れることが多いように思います。他方、たとえば、イギリス法の教科書等で、この格言に言及するときは、これはローマ法の原則であるが、コモン・ロー（とりあえず、イギリス法やアメリカ法だと思っておいてください）においては採用されていない、といった説明がなされることが多いようです。これは、この原則が債務不履行の場合には履行の強制が認められるという趣旨のものだということを前提に、そうした原則をコモン・ローは採用していないという説明です（コモン・ローも契約の拘束力それ自体を否定しているわけではなく、あくまで否定しているのは履行強制です。もっとも、このあたりは契約の拘束力という言葉の定義の問題なのかもしれません）。

そうした英米法の国々では、債務不履行があったとしても、履行を強制することは否定されているわけですが、そこには履行の強制が債務者に対する過度の拘束だという理解があります。契約を履行するよりも、損害賠償責任を負担したうえで履行しないということが合理的であれば、それを選択することも認められます（**契約を破る自由**と言われる場合もあります）。

**■履行の強制の方法**　もっとも、日本法では履行の強制が認められるといっても、債権者自身が暴力等を行使してそれを実現することが認められているわけではありません（こうした**自力救済**は原則として違法です）。あくまで法が許容した方法による履行の強制が認められているだけです。民法は、債務者が任意に債務の履行をしない場合には履行の強制ができると規定していますが【Ⅲ①：四一四条】、具体的にどう強制できるのかについては民事執行法という法律が定めています。ここでは、基本的な執行方法のみをごく簡単に示しておきます。

①　直接強制　**直接強制**というのは、執行機関の実力により債務の内容を実現するというもので、金銭債権の執行や動産・不動産の引渡債権の執行で用いられます。

②　間接強制　**間接強制**というのは、債務者が任意に履行しない場合に、裁判所が履行遅延の期間に応じて一定の賠償をすべきことを命じて、債務者を心理的に強制して債務の実現を図るというものです。他の人が代わってすることはできない何かをなす債務などで用いられる方法です。

③　代替執行　直接強制や間接強制というのは、債務者が債務を履行することを実現することに向けられています。しかし、債務者自身が履行しなくても、他の方法でも債権の目的が実現する場合はあります。こうした場合に第三者に債務の内容を実行させるというのが**代替執行**です。そこで生じた費用は債務者から取り立てることになります。

■**自然債務**　日本法では、コモン・ローとは異なり、履行の強制が認められると説明しましたが、必ずしも例外なく、そうした強制が認められるわけではありません。認められないケースとしては、以下のように三つの場合が考えられるでしょう。

第一に、当事者が訴訟での請求をしない、あるいは、強制執行をしないということを合意している場合です。

第二に、性質上、履行の強制がなじまないというものです。直接強制になじまないものについてはすでに説明しましたが、直接強制も間接強制もさらに代替執行もなじまないという債務もあります。たとえば、婚約というのは、婚姻の予約で、基本的には契約だと考えてよいと思いますが、婚約した相手方がやっぱり嫌だと言って結婚しないという場合、直接強制はもちろん、間接強制もなじみません。また、私の感覚では代替執行というのも考えられません。

ただし、このように履行強制がなじまない債務であっても、債務不履行による損害賠償は原則として認められます。

第三に、**自然債務**と呼ばれてきたものがあります。これは裁判所に履行の強制を求めることができない債務です。この自然債務については、第二の場合と異なり、債務不履行による損害賠償も認められないと考えられてきたようです（「ようです」と曖昧に書いたのは、自然債務の概念を認めるか、認めるとしてどのように定義するのか自体、議論があって、それほど明確ではないからです）。もっとも、そうすると、履行の強制は認められない、損害賠償も認められないというのであれば、そんな自然債務にどんな意味があるんだ？、と思われる諸君もいるかもしれません。なるほどもっともな疑問です。しかし、こうした自然債務であっても、それが任意に履行された場合には、有効な契約に基づいて履行されたのですから、受け取ったものを返さなくてもよいということになります。契約が無効だったり、取り消されたりした場合には、法律上の原因がありませんから、不当利得となって返さなければなりませんが、それとは異なるという点に意味があるということになります。もっとも、さきほども触れたように、こうした自然債務という概念を認めるか自体について議論があります。

■**債務不履行による損害賠償**　債務不履行があった場合、債権者は一定の要件のもとで債務者に対して、損害賠償を求めることができます。

民法は、債務者がその債務の本旨に従った履行をしないときまたは債務の履行が不能であるときは、債権者は損害賠償を求めることができるとしつつ、その債務不履行が契約や取引上の社会通念に照らして債務者の責めに帰することができない事由によるものであるときは責任がない旨を規定しています【Ⅲ①：四一五条】。

この部分は、一読しただけではあまりピンとこないかもしれません。ここには二つのルールが規定されています。

① 原則として、債務の本旨にしたがった履行をしない場合あるいは履行不能の場合には、債権者は債務者に対して損害賠償を求めることができる、ということです。

② そうであっても、債務不履行が契約や取引上の社会通念に照らして債務者の責めに帰すことができない事由によるものである場合には例外的に損害賠償が認められない、ということです。

本書は入門書ですから、あまり難しい議論に立ち入らないこととしています。まぁ、正直なところ、私自身がよくわからないところを飛ばしているというのが実際なのですが……。ですから、ここで説明は終わりにしたいような気もしますが、やっぱり次の二点については触れておかざるを得ないだろうと思います。

第一に、上記①の中にある「債務の本旨にしたがった履行をしない」ということの意味です。これは契約によって決まった債務の内容が実現されないと言い換えてもいいでしょう。

具体的に、契約で定められた履行期に履行がなされないという場合（**履行遅滞**）や契約で合意された品質の物が引き渡されない、あるいは、目的物の利用において不可欠あるいは重要な説明や注意事項が適切に示されなかった等、さまざまな場合が考えられます。

基本的には、契約で何が当事者の義務（債務）とされているのかという点が、債務の本旨についての判断の基準となります。

第二に、上記②における「債務不履行が契約や取引上の社会通念に照らして債務者の責めに帰すことができない事由によるものである」ということの意味です。実は、この点は説明するのが非常に難しい問題です。

かつての通説によれば、債務不履行による損害賠償が認められるためには、債務者の責めに帰すべき事由（**帰責事由**と呼びます。多くの場合には、故意または過失と同じ意味だとされていましたが、責任を基礎づける事情は故意または過失に限りませんから、両者を同視するのは少々乱暴でしょう）が必要だと考えられていました。ただし、債務者の側が自分に帰責事由がないことについての立証責任を負うとされていました（債権者の側で債務者の帰責事由を立証する必要はないということです）。

債権法改正で、民法四一五条についての文言が改められたのですが、これが「債務不履行が契約や取引上の社会通念に照らして債務者の責めに帰すことができる事由がない」ときとされていたなら、従来の通説の理解をそのまま反映させたものだということになります。しかし、新しい文言は、「債務者の責めに帰すことができない事由によるものである」ときとされていますから、両者はまったく同じではありません。

たとえば、**不可抗力**（予想もできないような自然災害や戦争などです。比較法的には、過失を要件としない責任であっても不可抗力による免責は認められると考えられています。ただし、特別法の中には、不可抗力の場合に責任が減免されるという趣旨の規定が置かれているものもあり【大気汚染防止法二五条の三など】、不可抗力の意味を含めて、議論の余地が残されています）と呼ばれるような自然災害によって履行ができなくなったというような場合、それは「債務者の責めに帰すことができる事由がない」と言えますし、当然、「債務者の責めに帰すことができない事由によるものである」とも言えますから、いずれにしても損害賠償が認められないことは確かでしょう。しかし、論理的には「債務者の責めに帰すことができる事由がない」ということが、「債務者の責めに帰すことができない事由による」ということによって全部カバーされているかは、それほどはっきりしているわけではないように思われます。この改正の際に国会では、従来の考え方を変えるものではないという説明もなされていますが、この点についてはなお議論の余地が残されているように思います。

## ■債務不履行によって生じる損害

さて、債務不履行があった場合、どんな損害が債権者に発生するのでしょうか。色々なものが考えられそうです。債務不履行やそれによる損害賠償をどのように整理するのかは、それ自体がけっこう難しい問題です。

民法自体も、あとで触れるように、履行に代わる損害賠償とそれ以外の損害賠償を区別していますし、それ以外の場合についてもさまざまなタイプのものがあります。以下では、あまり厳密に分類するということにはこだわらずに、こんなタイプの損害賠償が考えられるんだという趣旨で、債務不履行によって生じた損害を眺めることにしましょう。

## ■履行遅滞によって生じる損害

たとえば、賃貸借契約や売買契約に基づいて、○月○日に引っ越し先のマンションが引き渡されることになっていたとします。しかし、貸主や売主側の事情によってその日にマンションの引渡しがなされなかったという場合を考えてみましょう。その場合、引渡しまでの間、住むところがないために、ホテル住まいをした、あるいは、ウィークリーマンションを借りたことによって生じる費用といったものが考えられそうです。また、引っ越し先に搬送する荷物の行き場がなく、運送業者に保管してもらって、その分の費用がかかったというケースも考えられそうです。

また、AがBに不動産甲を二〇〇〇万円で売却し、Bは甲をさらにCに三〇〇〇万円で転売するという契約を締結していたとします。しかし、Aの履行が遅れ、その結果、Bも履行することができず、Cによって転売契約が解除されたという場合には、Aの債務不履行によってBは本来であったら得られたはずの差額の一〇〇〇万円（これを**転売利益**と言います）を得られないことになります。こうした損害も遅延によって生じた損害賠償のひとつだと考えられそうです。

**■履行不能によって生じる損害**　履行が不能となった場合の損害についても、基本的に履行遅滞における場合と同じように考えることができます。さきほど説明した転売利益の喪失は、履行不能の場合にも同じように問題となります。しかし、目的物の引渡しを受けられなかったので、ウィークリーマンションを借りる場合の費用については、おそらく結論は異なってくるはずです。履行遅滞の場合には履行されれば目的物であるマンションに入居できるので、それまでの間に生じる費用だと考えることができます。しかし、もはや履行が不能であるならば（建物が焼失してしまった、目的物であるマンションが第三者に譲渡され登記も移転されてしまったなどという場合）、もはや目的物は引き渡され得ないということを前提として考えるべきです。したがって、そうした費用をずっと損害賠償として求めることは正当化されないでしょう（引き渡されないためにウィークリーマンションを借りて、その後、履行不能が明らかになったという場合には、その間を含む合理的な範囲での費用の賠償を求めることは考えられます）。

**■履行に代わる損害賠償とその他の損害賠償**　ところで、債権法改正で、民法四一五条については、新たに二項が設けられました（それまでは一項に当たる規定しかありませんでした）。そこでは、債務の**履行に代わる損害賠償**については、①履行不能のとき、②債務者が履行拒絶の意思を表示したとき、③解除され、または解除権が発生したとき、という三つの場合に認められることが規定されています。

履行に代わる損害賠償として最も単純なのは、一〇〇〇万円の価値を有する甲が引き渡されなかったので、一〇〇〇万円の損害賠償を求めるという場合でしょう。この場合の損害賠償について、ここで示されたような制限があるのは、この損害賠償請求権が履行請求権とは両立しないからです。たとえば、一〇〇〇万円の損害賠償を得つつ、甲の引渡しを求めるというのは、甲に関する利益を二重に取得することになり、認められません。従来も、こうした二重の利益が取得できないということについては異論がありませんでしたが、こうした損害賠償請求と履行請求との関係は必ずしも明確には規定されていませんでした。履行不能であったり、履行拒絶が明確であったり、あるいは解除（もっとも条文は解除権が発生したことを要件としているだけで、実際に解除したことまでを求めているわけではありません）によって履行がもはや期待されない場合に限って、履行に代わる損害賠償を請求することができるというのが、新たに設けられた民法四一五条二項の趣旨だと言えます。

もっとも、実は履行に代わる損害賠償がいったい何なのかという点については、なお必ずしも明確ではない部分が残されているように思われます。この点は、履行請求と両立するのかといった観点から（たとえば、上述の甲の引渡請求と一〇〇〇万円の損害賠償請求は両立しませんが、甲の引渡しが遅れたことによってホテル住まいをしなくてはならず、それにかかった費用の損害賠償は甲の履行請求と両立します）、個別的に判断していくほかはないように思います。

債務不履行のタイプとして最後に触れた債権者の生命・身体等に生じた損害について触れておくことにしましょう。

## ■債務不履行による債権者等の生命・身体・財産等に生じた損害

使用者が適切に職場の安全な環境を整備していなかったために事故が発生し、被用者に損害が生じた場合、安全配慮義務違反による損害賠償が認められます。雇い主と被用者との間では雇用契約等に基づいて働いて報酬をもらうという関係だけではなく、こうした安全配慮義務という雇い主の債務もあり、その債務不履行があったと考えるわけです。同様の状況は、たとえばタクシーの運転手さんが不注意で事故を起こして、乗客が負傷したという場合にも考えられます。タクシーの運転手さんは、お客さんを単に目的地に移動させるというだけではなく、安全に目的地まで運ぶという債務を負っているわけです。さらに、医師が手術等の前に適切な事前の検査をしなかった、あるいは手術の際にミスをしたといった医療過誤においても、こうした患者の生命・身体に生じた損害を考えることができます。

ここで述べてきたものでは、雇用契約や旅客運送契約、診療契約等の契約それ自体に、相手方の安全を守るということが重要な内容として組み込まれているわけですが、すでに説明したように、売買契約に基づいて引き渡した目的物に重大な欠陥があって、買主に被害が生じ、それについての損害賠償請求権が成立するという場合も考えられます。

こうした損害賠償については、以下のようなことを指摘することができます。

第一に、こうした損害については、契約関係に基づく債務を前提として債務不履行による損害賠償を考えることができますが、それと同時に、多くのケースでは不法行為に基づく損害賠償も考えることができます。不法行為の最も基本的な条文である民法七〇九条は、故意または過失によって他人の権利等を侵害した場合に、加害者が損害賠償責任を負うことを定めています。職場の安全な環境を整備していなかった雇い主や前方不注意だったタクシーの運転手、商品管理をきちんとしていなかった売主には、そこでの過失が認められ、それによって相手方の身体等が害されたということで、不法行為責任も認められるわけです。この場合の債務不履行責任と不法行為責任との関係については次のコラムでもう少し詳しく説明しますが、ここでは両方の責任が成立し得るのだということをまず確認しておくことにしましょう（もっとも、二重に賠償がもらえるわけではありません）。

第二に、第一のところで説明した点にも関係するのですが、ここで問題となっている相手方の利益（相手方の生命・身体あるいは財産）は、契約そのものとは直接関係なく、もともと相手方が有している利益です（こうした利益をドイツ語のそのままの翻訳ですが、**完全性利益**と呼ぶ場合もあります）。したがって、損害賠償を基礎づける債務不履行に関する要件が満たされていることは前提となりますが、基本的には損害それ自体については、こうした利益が害されているかどうかという観点から判断されることになります。

**債務不履行責任と不法行為責任**

本文で説明したように、安全配慮義務違反の場合、債務不履行に基づく損害賠償のほか、不法行為に基づく損害賠償も考えることができます。このようにひとつの出来事によって複数の法律構成による救済（ここでは損害賠償）が考えられる場合について、少し補足しておくことにしましょう。

こうした場合について、二つのことを確認しておきたいと思います。

第一に、そうした複数の法律構成の優先関係の問題です。これについては比較法的には異なる制度設計がありますが、わが国では、基本的にいずれの法律構成でも原告が主張する構成に即して判断されます。ここでは債務不履行責任、不法行為責任のそれぞれについて独立して要件が満たされているかが判断され、いずれか一方のみが優先的に認められるという関係にはありません（こうした考え方を**請求権競合**と呼びます）。なお、本文でも説明したように、複数の法律構成が考えられるとしても、問題となっている損害が共通のものである以上、二重に損害賠償を得られるわけではありません。

第二に、そうだとするといずれが損害賠償請求権を行使する場合に債権者にとっては有利（あるいは不利）なのでしょうか。もしまったく違いがないのであれば、単に名称の問題だけだということになります。この点については、特に安全配慮義務違反に関しては、①消滅時効、②過失の立証責任、③損害賠償債務の履行期、④近親者の慰謝料について、不法行為との相違が論じられてきました。このうち、③については、安全配慮義務違反に基づく損害賠償債務は期限の定めのない債務で、請求された時から遅滞に陥ります。他方、不法行為に基づく損害賠償債務は不法行為の時から当然に遅滞に陥ります。したがって、こうした理解を前提とすれば、請求時期によって遅れたことによる法定利率で計算される損害（**遅延利息**と呼びます）は両者で異なることは確かです。また④（近親者の慰謝料）については、判例は特別の規定がないとして安全配慮義務違反では近親者の慰謝料【Ⅲ⑤：七一一条】を認めていませんから、この点も違いがあるということになります。もっとも、前に説明したように（→一九三頁）、安全配慮義務の登場の契機となった①の消滅時効については、債権法改正によってほぼ違いがなくなりました。また、②の過失の立証責任についても、かなり技術的になるので説明を省略しますが、実質的な違いはないとされています。こうなってくると、相違点として残るのは③と④だけで、その違いは安全配慮義務違反の方が不利だというものですから、安全配慮義務違反による債務不履行責任という法律構成がどこまで必要なのかという点にも関わってきそうです。

**■債務不履行責任が認められる場合の賠償されるべき損害の範囲**　さて、債務の本旨に従った履行がされず、それによって損害が発生したという場合であっても、因果関係が認められるすべての損害について当然に賠償が認められるわけではありません。たとえば、安全配慮義務違反によって生じた事故で被用者が負傷したという場合、その負傷に関する損害が賠償の対象とされることについてはほぼ争いの余地はないでしょう。しかし、入院中の被用者が病院で発生した火災によって死亡した場合、その死亡までが賠償の対象とされるかというと、それは当然の帰結ではないようにも思われます。なるほど、被用者が火災によって死亡したということについても、安全配慮義務違反による事故と因果関係（「あれなければこれなし」という**条件関係**）は認められます。しかし、因果関係のある損害すべてについて損害賠償責任が認められるのかということが問題となるわけです。これが**損害賠償の範囲**をめぐる問題です。

民法四一六条は、こうした損害賠償の範囲について二つのルールを規定しています。

① 通常損害　まず、**通常生ずべき損害**（**通常損害**と呼びます）についての損害賠償が認められます【Ⅲ①：四一六条一項】。

② 特別損害　次に、**特別の事情によって生じた損害**（**特別損害**と呼びます）であっても、「当事者がその事情を予見すべきであったとき」には賠償が認められます【Ⅲ①：四一六条二項】。

もっとも、この二つのルールを具体的にどのように理解し、実際の事件に適用するかはそれほど簡単ではありません。ただ、以下のように理解すべきではないかと考えています。

第一に、通常生ずべき損害というのは、単に一般的な観点から通常（普通）かどうかが判断されるわけではなく、当該契約や債務の趣旨に照らして判断されるべきものであるように考えられます。たとえば、一定のリスクを伴う手術について、そのリスクを回避するために特定の事前検査が義務づけられており、その事前検査がなされずに手術がなされ、当該リスクが実現した場合には、その義務（債務）において当然に想定されているリスクが実現したものとして、通常生ずべき損害だと理解すべきでしょう。

この場合に、当該検査をしなかった場合の結果についての予見可能性や統計的な確率等を問題とする必要はないものと思います。

第二に、特別損害は、そうした判断基準でカバーされないものであり、そうした損害が発生するについて特別の事情が関与しているという場合については、その特別の事情について予見可能性があったかどうかによって賠償責任が認められるか否かが決まることになります。

……と説明しても、読者の諸君からは、「この場合はどうなんだ?」、「あの場合はどうなんだ?」というさまざまな具体例に則した質問が出そうです。実際、そうした具体的事案に即した判断は難しく、さらに掘り下げて考える必要があるのですが、その説明だけで本書の半分くらいの分量は必要となりそうなので、ここではこの程度の説明にとどめさせてください。

なお、損害賠償の範囲をめぐる問題は、不法行為法でも最も重要な論点のひとつとなっています。そうした中で、いわゆる**相当因果関係論**との関係も問題とされています。しかし、こうした点についても、将来、債務不履行や不法行為を本格的に勉強し始めたときに取り組んでもらうことにしましょう。

■**過失相殺**　さて、損害賠償の範囲に含まれるとされた損害についても、さらに**過失相殺**によって賠償額が縮減されたり、責任が免除されたりする可能性があります。これは損害の発生や拡大について債権者に過失があった場合には、損害賠償責任を減免するというものです【Ⅲ①：四一八条】。

たとえば、医師が患者の状態について見落としていたというミスがあったとしても、患者の側でも医師に静養を指示されたのにそれに従わなかったという場合、あるいは、引き渡された食品が腐敗していてそれを食べて健康被害が生じたが、本来はすぐに気がつくものであったという場合にも賠償額が減らされる可能性があります。また、以前に挙げたマンションを期日に引き渡してくれなかったためにホテル住まいをしたという場合でも、不相当に高級なホテルに滞在したというときは、その費用の全部が賠償されるわけではないでしょう。この種の問題は、損害賠償の範囲の問題として民法四一六条で扱われるべきものと思いますが、過失相殺によって賠償額を減らすことで同じ結論を導くことも考えられます。

こうした過失相殺は、不法行為の場合にも認められます【Ⅲ⑤：七二二条二項】。債務不履行と不法行為では、この過失相殺の規定のしかたに若干の違いがありますが、実質的には違いはないものと考えていいでしょう。

### ■金銭債務の不履行による損害賠償の特則

ところで、債務不履行には色々なタイプがあるのですが、その中でも最もみなさんが身近に考えるかもしれない金銭債務の不履行、たとえば、○月○日に一〇〇万円を支払うことになっていたのに、その履行がされなかったという場合については、これまで説明してきたルールは適用されません。こうした金銭債務の不履行については、特別の規定が用意されているからです。

民法は、金銭債務の不履行による賠償額は、遅滞に陥った時点での法定利率によって定めるとしています【Ⅲ①：四一九条】。○月○日に一〇〇万円を支払うことになっていたのに、その履行がされないまま一年が経過したという場合、一〇〇万円に法定利率の三パーセント【Ⅲ①：四〇四条二項】を乗じた三万円が損害賠償として認められるということになります（こうした損害賠償を**遅延利息**と呼びます。なお約定利率が定められているときはそれによります）。

なお、金銭債務については実際に生じた損害を証明する必要はありません【Ⅲ①：四一九条二項】。また条文では規定されていないのですが、実際に生じた損害が法定利率を上回ることを証明しても、その賠償が認められるわけではないと考えられています。ただし、この点は比較法的には異なる考え方もあります。また、不可抗力が抗弁とならないという点でも【同条三項】、金銭債務の不履行による損害賠償は、かなり特殊なものだと言えそうです。

**学生諸君が大好きな民法四一五条と金銭債務の不履行**

ところで、大学で民法を教えていると、学生諸君の大好きな条文がいくつかあることに気がつきます。民法九〇条（公序良俗）や民法九四条二項の類推適用もそうだし、ここで扱っている民法四一五条もそうした条文のひとつのようです。

その結果、〇月〇日になっても約束された一〇〇万円の支払いがなされないというようなケースが期末試験の問題として出た場合に、一〇〇万円とその遅延利息を損害賠償として求めることができるという答案に、それなりの頻度で接することになります。

もっとも、その遅延利息の方は、本文で説明したように、まさしく金銭債務の不履行による損害賠償として考えることができるので、それで正解なのですが、一〇〇万円を損害賠償として請求するということはどうなのでしょうか。

まず、一〇〇万円の支払いは損害賠償ではなく、債務の履行そのものとして請求することができます（履行の強制。この場合は直接強制が可能です）。そのうえで、遅延利息を損害賠償として請求することができるというのが本文での説明です。

それでは、一〇〇万円を損害賠償として請求することはできないのか、と言われると、別に禁止されているわけではないと思いますが、それについてはいくつかの点を考える必要があります。まず、一〇〇万円を支払うという債務と一〇〇万円の損害賠償債務は両立しないので、これは履行に代わる損害賠償だと位置づけざるを得ないと思います。金銭債務については履行不能は観念できないので、損害賠償を請求するためには債務者の履行拒絶の意思表示や解除が必要となります。そのうえで、ようやく履行に代わる損害賠償が認められるわけですが、そんな面倒なプロセスを経る必要はないだろうと思います。そのうえ、それが損害賠償である以上、過失相殺の適用は排除できないということになりそうです。

結論としては、一〇〇万円の金銭債務を履行しないことによる一〇〇万円の損害賠償請求を考えることには実質的なメリットはなく、下手をすると不利になるということになります。

ところで、債務不履行があった場合、損害賠償を請求する相手方となるのは債務者だけなのでしょうか。これは、債権というものが、その性質上、第三者によっても侵害されるのかという問題にも関わります。

## ■第三者に対する損害賠償請求

かつては、特定の者（債務者）に対する権利である債権は、債務者によってのみ侵害されるのであり、第三者（債務者以外の者）によって理論的に侵害され得ないという考え方もありました。ただ、現在では、一定の場合に第三者によっても債権が侵害されるという場面があること自体については共有されています（もっとも、その「一定の場合」がどの範囲なのかといった点については意見が一致しているわけではなく、非常に難しい問題です。ここではこれについて立ち入るのは諦めましょう）。

たとえば、劇場Aと歌手Bが出演契約（契約の分類では請負契約ということになるでしょう）を締結していたのですが、第三者CがAの事業を妨害するつもりで、Bを拉致して拘束し、Bが舞台に立つことができなくなったという場合、AのCに対する損害賠償請求が認められます。ただ、この損害賠償請求権は不法行為に基づく損害賠償で、債務不履行による損害賠償ではありません。CはAに対して債務を負っているわけではないからです。

# 第21章　債権を実現するための責任財産の確保等

ところで、唐突な質問ですが、一〇〇万円の金銭債権には、一〇〇万円の価値があるのでしょうか。一〇〇万円の現金にはぴったり一〇〇万円の価値がありますし、一〇〇万円で購入した金塊は、価格の変動の影響があるとしても、だいたい一〇〇万円くらいの価値はありそうです。みなさんに尋ねたのは、それと同じように一〇〇万円の債権には一〇〇万円の価値があるのか、ということです。

## ■債権の価値と責任財産

当然のことですが、債権の価値は、債務者が誰であるかによって大きく影響を受けます。誠実な人が債務者であれば支払ってもらえる可能性は高く、そうではない人だと低くなるということが言えそうです。しかし、そうした意味の人柄だけではなく、その債務者がどれだけの財産を持っているかということも重要となるでしょう。このように債務者の有している執行可能な（そこから債権を回収することができる）財産を**責任財産**と呼びます。

たとえば、みなさんが私に対して一〇〇万円の債権を持っているという場合、おそらく一〇〇万円に近い価値はあるのではないかと思います。本書を読んできたみなさんにはすぐにわかるように、私は大変に誠実で、人柄も信頼でき、大学から莫大な給料をもらっている以上（ウソです！）、一〇〇万円なら無理すれば何とか払えそうです。しかし、みなさんが私に対して一〇〇億円の債権を有しているという場合、おそらくその価値は一〇〇億円にははるかに届かないものになるはずです。私がいくら誠実であっても、ない袖は振れません。このように債権の実際の価値は、責任財産によって決まると言ってもいいだろうと思います。

そのため、こうした責任財産をどのように確保するのかということが、債権が目的を達成するうえでは非常に重要な意味を持ちます。このことが、これからの説明の前提となります。

**■保証**　債権の価値は責任財産で決まるというわけですが、それを前提に、みなさんが私に五〇〇〇万円を貸す（私に対する五〇〇〇万円の金銭債権を取得する）という場面を考えてみることにしましょう（なぜ私には五〇〇〇万円が必要だったのか、どうして本書の読者である以上の関係のないみなさんがそれを私に貸すことになったのかということは、さしあたり考えないことにしましょう）。さて、みなさんにとって、私にはどんな責任財産がどれくらいあるのかが重要です。

まず、私には責任財産と呼べるようなものがない場合を考えてみます。貸した五〇〇〇万円がそのまちゃんと保管され、返還されるのでない限り（もっとも、消費貸借で説明したように（↓一六一頁）、それではお金を借りた意味がありません）、それ以外には責任財産と呼べるものがないわけです。この場合、みなさんは私に対して五〇〇〇万円を貸すことをためらうはずですし、それが当然です。もし、それでも構わないという方がおられましたら、すぐに弘文堂編集部を通じてご連絡ください。

もっとも、この場合にも解決の方法があります。私には、林檎のマークのついたハイテク企業の経営者をしている叔父さんがいます（ウソです！）。その叔父さんに**保証人**になってもらうという方法です。保証人になってもらうということは、その叔父さんの財産も、私の借金との関係では責任財産になるということを意味します。少なく見積もっても数兆円という財産を持っている叔父さんが保証人になってくれるのであれば、みなさんの私に対する五〇〇〇万円の金銭債権は、ほぼ五〇〇〇万円の価値を有すると言っていいだろうと思います。

こうした保証は、民法の第三編・第一章（債権総則）の中の「多数当事者の債権及び債務」関係というところに規定されています。

### ■保証債務の成立

ところで、保証債務はどのように成立するのでしょうか。これも基本的には合意によって成立することになります。さきほど、「叔父さんに保証人になってもらう」と書きましたが、もちろん叔父さんが「ウン」と言ってくれなくてはなりません。もっとも、このあたりはもう少し丁寧に確認していく必要があります。

まず、借金をするために保証人が必要だという場合、お金を借りる私（**主たる債務者**あるいは**主債務者**と呼びます）から叔父さんに保証人になってくれと頼む場合が多いだろうと思います。もっとも、保証債務を成立させる契約（これを**保証契約**と呼びます。保証契約は書面による必要がある要式契約です【Ⅲ①：四四六条二項】）の当事者は債権者（融資をする人）と保証人（となる人）です。厳密に言えば、主たる債務者が保証人になってくれと頼んで、それをOKしても、それは**保証委託契約**という別の契約が成立しただけで、債権者と保証人との合意がないと保証契約は成立しません。

もっとも、多くの場合、保証人になってくれと頼む場合、主たる債務者から示された金銭消費貸借契約書などの最後に記載されている保証人の欄に署名捺印してもらうということになるでしょう。したがって、保証人にはなったけれど、債権者と直接会ったわけではないという場合の方が普通だろうと思います。

## ■保証債務の附従性

ところで、こうして成立する保証債務は、主たる債務とは独立した債務です。しかし、保証債務は主たる債務の履行を担保するためのものですから、あくまで主たる債務が有効に存在していることを前提としています。これを**保証債務の附従性**と呼びます。主たる債務が不成立であったり、無効であったりすれば、保証債務は成立しません（**成立に関する附従性**と呼びます）。また、主たる債務が弁済や消滅時効によって消滅すれば、保証債務も消滅します（**消滅に関する附従性**と呼びます）。前の方で、債務が債務者によって任意に弁済され消滅するのが最も自然な終わり方だということに触れましたが、保証債務の場合には、主たる債務が弁済によって消滅し、それに伴って保証債務も消滅するという形が最も自然な形だと言えるでしょう。さらに、その目的や態様（条件や期限、利息など）において主たる債務より重いことも認められません（**内容に関する附従性**と呼びます）【Ⅲ①：四四八条】。

■**第三者の詐欺と保証契約**　ここで説明したように、債権者A、主たる債務者B、保証人Cという関係を前提とすると、保証を成り立たせる保証契約はAC間の契約です。他方、保証人になるという際に実際に意識されることが多いであろうBC間の関係は保証委託契約であり、保証契約ではありません。そのために、Bに騙されて（たとえば、他にも保証人がいるとか、抵当権を設定しているなどとウソをついた場合です）、Cが保証人の欄に署名捺印してしまい、Aとの保証契約が成立したという場合の扱いが問題となります。

この場合、かなり前の方で説明した第三者による詐欺の問題となります（↓一〇三頁）。したがって、保証契約の相手方であるAがその事実（Bによる詐欺）を知っているか、あるいは知ることができた場合に限ってその意思表示を取り消すことができます【Ⅰ：九六条二項】。

■**保証債務と連帯保証**　ところで保証には通常の保証と**連帯保証**があります。きちんと数えたわけではありませんが、お金を融資してもらう場合には連帯保証の方が多いのではないかと思います。あまり意識しないかもしれませんが、保証と連帯保証ではいくつか重要な違いがあります。

通常の保証の場合、保証人に支払えと債権者が請求してきても、**催告の抗弁**（債権者はまず主たる債務者に催告をしなければならない）【Ⅲ①：四五二条】や**検索の抗弁**（主たる債務者に弁済の資力があり、執行が容易なことを保証人が証明したときは、債権者はまず主たる債務者の財産について執行をしなければならない）【Ⅲ①：四五三条】といったものが認められています。また、複数の保証人がいる場合、それぞれの保証契約が別々に締結された場合であっても、保証人の債務はその人数で割ったものに限定されます【Ⅲ①：四五六条・四二七条】。これを**分別の利益**と呼びます。

それに対して、連帯保証の場合には、催告の抗弁や検索の抗弁を持ちません【Ⅲ①：四五四条】。また、分別の利益もありません。したがって、複数の連帯保証人がいる場合に、履行期が到来したときに（主たる債務が存在し、それが履行期にあるということは保証においても当然の前提となっています）、債権者がある一人の連帯保証人に債務の全額の履行を求めてきたときには、その連帯保証人はそれに応じなければなりません。

## ■保証人から主たる債務者への求償

ところで、例のお金持ちの叔父さんですが、その叔父さんが私の借金を払ってくれてそれですべてが終わりというわけにはいきません。保証人から主たる債務者への求償が考えられるからです。もちろん、林檎のマークのついたハイテク企業の経営者をしているお金持ちの叔父さんが、かわいい甥っ子である私に、「五〇〇〇万円くらいのことなら気にしなくてもいいし、払わなくてもいいよ」と言ってくれれば、免除によって求償権は消滅することになります（ここまでいくと、ウソというより、もはや妄想と言った方がよさそうです）。

さて、民法はこうした**求償権**について、委託を受けた保証人の求償権、委託を受けない保証人の求償権に分けて、かなり細かい規定を置いています。ただ、ここでは私に頼まれて保証人になった例のお金持ちの叔父さんは、保証債務を履行すれば、それについて私に対して求償することができるということを確認しておけばいいでしょう。

## ■債権者平等原則と担保物権の機能

さきほどの保証は、私の財産以外に、私のお金持ちの叔父さん（保証人）の財産を責任財産とすることで、いわば責任財産そのものを拡張し、それによって債権の価値を高めるという方法でした。それに対して、**担保物権**というのは、責任財産そのものを増やさずに、その責任財産に対する優先権を確保することで、その価値を高めるというものです。

この前提として、**債権者平等原則**について触れておかなくてはなりません。一人の債務者が複数の債権者に対して債務を負担しているという場合、たとえば、AとBがそれぞれCに対する債権を有している場合、原則として、AとBの立場は平等です。たとえば、Aの貸金債権の方が、Bの代金債権より早く成立したから、Aの債権がBの債権に優先するということはありません。こうした債権者平等原則は、現実に債権を回収するという場面において顕著に示されることになります。たとえば、債務者Cが破産した場合、あるいは、債務者Cの財産に債権者Aが執行したという場合、複数の債権者、ここでのAとBはその債権額に応じて、Cの財産から回収することになります。

しかし、Cの財産の中で特定の物について債権者Aが担保物権を有していると、債権者Aは、債権者Bに優先して、その特定の物から債権を回収することが可能となります。つまり担保物権を有している限りで、債権者平等原則は排除され、担保物権を有している債権者の債権が優先して回収されることになるのです。と言っても、この説明だけではピンとこないと思います。担保物権の中でも最も代表的な**抵当権**に即して、こうした担保物権の役割を説明することにしましょう。

■ **抵当権**　次のようなケースで考えてみることにしましょう。

設例　AはCに対して、金銭消費貸借に基づく三〇〇〇万円の債権を有している。その後、BがCに対する金銭消費貸借に基づく二〇〇〇万円の債権を取得した。Cは、三〇〇〇万円相当の不動産甲と一〇〇〇万円の銀行預金を有している。

このケースで、Cに、三〇〇〇万円相当の甲のほか、二〇〇〇万円を超える銀行預金があるのならば、その後、状況が変わって預金額が減少するといったことを考えない限り、あまり問題はなさそうです。しかし、この設例では、Cの借金の総額は五〇〇〇万円、資産の総額は四〇〇〇万円ですから、はじめから借金を全部返済するには足りません。この場合、単純に債権者平等原則が適用されると、AとBは、四〇〇〇万円のCの財産から、それぞれの債権を回収することになります。ここでの平等というのは債権額の割合に応じてということですから、Aは四〇〇〇万円の五分の三（二四〇〇万円）を、Bは五分の二（一六〇〇万円）を回収することになります。

しかし、AがCにお金を貸すに当たって、Cの不動産甲に抵当権を得たとしましょう。この場合、甲は債権者平等原則の例外となります。したがって、AはCが債務を弁済しない場合、甲から優先的に回収することができます。具体的には、甲が競売（けいばい）され、その代金から債権を回収します。甲の競売によって三〇〇〇万円が得られたとすれば、Aはそこから自分の債権の弁済を受けることができます。他方、Bは残りの一〇〇〇万円の債権から回収するほかはなく、自分の債権の半額しか回収できないことになります。

こうした抵当権については、民法の第二編（物権）で規定されています。もちろん、不動産についての物権のひとつとして、第三者に対抗するためには登記が必要です。Aは、Cとの間で抵当権設定について合意していたとしても、それを登記しないと、Bに対して、自分が抵当権者で甲について優先権を持っているということを主張できません。

■複数の抵当権

もっとも、こうした物権としての抵当権ですが、所有権などとはかなり違う性格を持っています。そのひとつが、一つの不動産について、複数の抵当権を設定できるということです。たとえば、設例とは異なり、甲が五〇〇〇万円の価値を有していたとしましょう。この場合、Aの三〇〇〇万円の債権について抵当権を設定しても、まだ残っている価値があります。さらにBが抵当権を設定するということも考えられます。もっとも、複数の抵当権が設定できるといっても、それらの抵当権は平等ではありません。抵当権が設定された順番に応じて、第一順位の抵当権（設例の場合であれば

Aの債権を担保する抵当権）、第二順位の抵当権（Bの債権を担保する抵当権）、第三順位……というように優先順位を残す形で抵当権が設定されることになります。第二順位の抵当権を有しているBは、第一順位の抵当権者であるAが回収した残りから自分の債権を回収するということになります。

それでは設例のように、Aの債権が三〇〇〇万円で、甲の価格が三〇〇〇万円だという場合、Bには甲についての抵当権を得る意味はないのでしょうか。必ずしもそうではありません。担保物権としての抵当権は、それが担保している債権（**被担保債権**と呼びます）が弁済等によって消滅すると、当然に消滅します。したがって、Aの債権について、将来、Cがその全部または一部を弁済する可能性を考えれば、この場合にも、Bが第二順位の抵当権を得るということには十分に意味があることになります。

■ **債務者以外の者が所有する不動産の抵当権**　ところで、上記の設例では、不動産甲は債務者Cの所有物だということを前提として説明しました。しかし、抵当権が設定された不動産が債務者以外の者によって所有されているという場合もあります。ちょっと面白いので簡単に触れておきましょう。基本的に二つの場面が考えられます。

第一に、抵当権が設定された不動産甲がCからDに譲渡されたという場合です（Dを**抵当目的物の第三取得者**と呼びます）。抵当権というのは、すでに説明したように物権です。甲という不動産に設定された抵当権は、甲の譲渡に伴って一緒に移っていきます（この説明をすると、いつも犬は人につき、猫は家につくと言われることを思い出します）。したがって、第三者であるDが甲を取得すれば、もれなく抵当権も付いてきます。Cが債務の返済をしない場合には、その抵当権が実行され、甲が強制競売に付され、Dは甲を失うことになります。あまりありがたくない話しですが、抵当権が設定された不動産を購入するということはそういう意味だと思ってください。この場合、抵当権を消滅させる手段もあるのですが、それについての説明は省略します。

第二に、**物上保証**と呼ばれる場合です。これは、最初から債務者とは別の者、たとえばEが、E自身が所有する不動産乙に、Cの債権者Aのために抵当権を設定するというものです。この場合、**物上保証人**であるEは、Cのために不動産乙の抵当権設定というリスクを引き受けることになりますが、そこで引き受けたリスクはあくまで抵当権の設定された乙に限定されるものです。

**■債権者代位権**　さて、保証や担保物権のほかにも、民法では責任財産の確保に関わるしくみが用意されています。それが債権者代位権と詐害行為取消権です。

まず、債権者代位権についてごく簡単に説明することにします。たとえば、A（債権者）がB（債務者）に対して一〇〇〇万円の金銭債権を有していて（この債権を**被保全債権**と呼びます）、Bはさらに C（第三債務者）に対して一〇〇〇万円の金銭債権を有している（これを**被代位権利**と呼びます）という場合を考えてみましょう。この場合、Bは、Cから一〇〇〇万円を回収しても、どうせAに持っていかれてしまうのだからそれを回収せずに放置しているという場合に、AがBに代わってCからその債権を回収するというのが**債権者代位権**というしくみです。

もっとも、BがCに対する債権をどのように行使するのかは、本来、Bが自由に決定できるものです。Cに対して履行を求めないという判断をするのも自由です。したがって、こうした場合に、常にAがBに代わってCに対する債権を行使することができるわけではありません。こうした債権者代位権の行使が認められるのは、自己の債権を保全するため必要があるときに限定されます【Ⅲ①：四二三条】。かなり抽象的な表現ですが、そのままではBがAに対して負担する債務を履行できないということが要件となります（**無資力要件**と呼ばれます）。

## ■債権者代位権の債権の優先回収機能

もっとも、ここまでの説明だけだと、Aは、BのCに対する権利を行使してBの責任財産を充実させるというだけです。もちろん、それによって責任財産が充実するのですから（Cに対する債権が金銭となったという意味で）、Aにとっても意味のあることではあります。

しかし、債権者代位権は、こうした意味での責任財産の保全を超えて、Aの債権の優先弁済という機能も営むことになり、むしろその点が債権者代位権の重要な機能だと言うことができます。

AがCに対する三〇〇〇万円の債権を、BがCに対する二〇〇〇万円の債権を有しており、CはDに対する三〇〇〇万円の債権を有していたとします。Cには他にめぼしい財産はないという場合を考えてみましょう。この場合、債権者代位権の行使の要件（無資力要件）を満たしているので、債権者であるAが、CのDに対する債権を行使することが可能です。つまり、AはDに対して三〇〇〇万円の弁済を求め、それを自分に支払うよう求めることができます【Ⅲ①：四二三条の三】。もちろん、この三〇〇〇万円は、本来、その債権者であるCが受け取るべきものですから、AはこれをCに返さなければなりません。しかし、その三〇〇〇万円の返還債務と自分がCに対して有する三〇〇〇万円の債権を相殺してしまえば、めでたく自分の債権は回収することができます。

債権者代位権は、本来、責任財産の保全に向けたものですし、それはすべての債権者のために機能するはずなのに、Aだけが債権を優先的に回収することになるのです。このあたり、ちょっと後味が悪いのですが、その点についてはあとで触れます。

**■詐害行為取消権**　もうひとつが**詐害行為取消権**です。たとえば、AがBに対して一〇〇〇万円の金銭債権を有しているとします。この債務者Bが、自分の所有している不動産甲をC（**受益者**と呼びます）に贈与してしまったという場合を考えてみましょう。もちろん、Bにはまだ財産がたっぷりあり、Aの債権の回収に支障がないということであれば、何の問題もありません。自分の財産をどのように処分するかは自由だからです。しかし、甲がBの唯一の財産であり、他にはめぼしいものがないという場合には、Aの権利が害されることになります。このような場合に（債権者代位権と同様に無資力要件を満たす場合に）、Bの行為（贈与）の取消しを裁判所に求めることができるというのが詐害行為取消権です。

債権者代位権が、債務者が有している権利を債権者が代位行使するのにすぎないのに対して（それまでの法律関係そのものが変化するわけではありません）、詐害行為取消権は債務者が行った法律行為を取り消すのですから、債務者に対する介入の度合いはより大きいものだと言えます。そのため、裁判上の行使が必要で（債権者代位権では必要ありません）、また単に客観的な無資力要件を満たすだけではなく、債務者の害意（債務者が債権者を害することを知ってした行為）と受益者の悪意（その行為が債権者を害することを知っていたこと）が必要です【Ⅲ①：四二四条】。

詐害行為取消権が行使されて、債務者の行為が取り消されると、債権者は、受益者に対して移転した財産の返還を求めることができます【Ⅲ①：四二四条の六】。また、ここでの返還が金銭の支払いまたは動産の引渡を求めるものである場合には、受益者に対して、自分に支払い等をなすことを求めることができます。金銭の場合であれば、これによって相殺を通じて、自分の債権を優先的に回収することが可能となります。もっとも、注意してほしいのですが、ここでは金銭と動産についてのみ、そのように規定されているので、さきほどの設例のような不動産については、自分に引き渡せとか、自分名義の登記に移転せよと請求できるわけではありません。あくまで債務者への返還がなされるべきだということになります。

債権者代位権についても、詐害行為取消権についても、債権法改正でそれまでの判例によって展開されたルールなどをふまえて、大幅に規定が追加されています。しかし、ここでは両者の基本的なしくみを理解することにとどめ、それらについては全部省略させてもらいます。

## 桃太郎が鬼ヶ島から奪還した宝物はどこに行ったのか？

ところで、私が法律学を志す契機となったのが幼心に感じた桃太郎の物語における疑問でした（ウソです！）。子ども向けのこうした物語はけっこう適当にストーリーが変わっている可能性があるので、単に私が読んだ物語がそうだっただけかもしれませんが（その記憶自体も怪しいものです）、きび団子で釣った三匹とともに鬼ヶ島を急襲した桃太郎は、鬼が村人たちから強奪した宝物を回収するわけですが、その最後は、その宝物でおじいさん、おばあさんと幸せに暮らしたというラストだった……というような気がします。

ここでは物語の正しさはどうでもいいのですが、これを前提として、幼い筆者が疑問に感じたのは、「これは、いわゆる盗人の上前をはねるという行為なのではないか？」ということでした。おじいさんやおばあさんから奪われたものがもとに戻るのは正しいとしても、それ以外のものは他の村人たちのもののはずです（おじいさんとおばあさんの経済状態からは、鬼に強奪されたものがそれほど多かったとは思われません。かりにそれが全部戻ってきても、豊かに暮らすのは困難であるように思われます）。

さて、こんなことをここで触れたのは、債権者代位権や詐害行為取消権における優先的な債権回収には同じ匂いを感じるからです。

実は、この優先回収については、責任財産の保全を超えるものだという観点から疑問も提起されており、債権法改正においても、むしろそうした優先回収は認めない考え方も有力で、その方向での検討もなされていました。しかし、最終的に汗をかいた者には報酬が認められるべきだといった観点から、これが認められることになりました（この理屈だと、汗をかいた桃太郎には、それが認められることになります）。

ちなみに、桃太郎の伝説（おとぎ話（Märchen）ではなく伝説（Sage）なのです）の背景には、吉備地方にあった渡来人によって築かれた地域政権と大和朝廷との紛争があったとされています。それが温羅（うら）（鬼ヶ島の鬼）と吉備津彦（桃太郎）の伝説にもなっているということです。そんな伝説の名残を残すのが、岡山市内にある吉備津神社の鳴釜（なるかま）神事です。神社の釜の下には温羅の首が埋められており、釜の鳴る音で吉凶を占うというものです。また、近くには吉備津彦神社もあります。以上、岡山の歴史案内でした。

# 第22章　解除による契約の終了

**■解除という制度**　ここで扱う解除とは、契約当事者の合意または一方当事者の意思表示によって、契約関係を遡って消滅させるものです。

契約当事者の合意による解除を**合意解除**と呼びます。こうした合意解除は、当事者が合意をすれば可能であり、それができる場合について特に限定はありません。お互い「こんな契約はやめよう」と思えば、合意解除をすればいいわけです。

他方、一方当事者だけの意思表示によって契約を解除するということは当然にはできません。一方が、「こんな契約はやめよう」を思っても、それだけで契約が解除できるわけではありません。両当事者とも契約に拘束されているからです（前の方で説明した「契約は遵守されなければならない（Pacta sunt servanda）」（→一九八頁）というのを思い出してください）。民法は、債務不履行がある場合に、そうした一方当事者（債権者）の意思表示による解除を認めています。これを**法定解除**（**債務不履行解除**）と呼びます。債務不履行があった場合に、債権者は履行強制、損害賠償を求めることができると説明しましたが、第三の方法として解除もあるということになります。

■**債務不履行解除の機能**　債務不履行解除は、債務不履行に対する債権者の第三の手段だと書きましたが、これについては、具体的なケースに即しながら、もう少し説明しておく必要があるでしょう。以下のような設例で考えてみましょう。

> 設例❶　私がみなさんに、私の所有するパソコン甲を贈与して、○月○日に引き渡すという約束をした。しかし、その日になっても言を左右にして甲を引き渡してくれない。
>
> 設例❷　私がみなさんに、私が所有するマンション乙を代金二〇〇〇万円で売却するという契約を締結し、権利移転、代金支払の履行期は○月○日とした。しかし、契約成立後、不動産の価格が急騰し、契約した価格で売却するのが惜しくなった私は、言を左右にして移転登記手続等に協力してくれない。

設例❶と設例❷のいずれの場合でも、みなさんは私の債務不履行に対して、履行強制や損害賠償請求という手段を持っています。このいずれも、少々面倒くさいということを除けば、ちゃんと機能するはずです。それでは、解除についてはどうでしょうか。

まず、設例❶で、言を左右にして中々履行しない私に対して、業を煮やしたみなさんは、「だったら、解除するぞ！」と言えるか？、というと言えます。条文上は、こうした場合にも解除が可能だからです【五四一条、五四二条】。ただ、それに対して、きっと私は、満面の笑顔で「ありがとう！」と言うはずです。

だって、私は解除で甲の引渡債務を免れることになり、大変にありがたいからです。このように、一方当事者のみが債権を有している片務契約の場面では、解除することにはあまり意味がありません。

他方、設例❶と同様に、乙の権利移転に関する私の債務は消滅します。しかし、それだけではなく、私の代金債権も消えることになります。私にとって代金債権が重要だったとすれば、それは私にとってはマイナスの効果だということになります。ただ、設例❷の場合、強欲な私は（実際の私はそうではありません！）、二〇〇〇万円の代金では満足していなかったのですから、「そんなの気にしない！」ということになるかもしれません。

にもかかわらず、みなさんには解除するメリットはあるのでしょうか。色々とあると思うのですが、ここでは二つのことを挙げておきましょう。

第一に、解除によってみなさんが私との契約から解放されるということです。みなさんにとって乙に代わる新しい住まいが早急に必要だという場合、他の人から調達することが考えられます。特に不動産の価格が上昇しているという状況ですと、できるだけ早くに手を打つ必要がありそうです。乙と同程度のマンションを近くで探すということが考えられます。この場合、私との契約を解除しておくことはとても重要です。たとえば、契約後に急騰した不動産価格ですが、その後、経済状況の急変があり、今度は暴落したという状況を考えてみましょう。私との契約を解除せずに、他の人からマンション丙を購入したという場合、不動産価格の暴落を受けて、きっと私は、両手を擦り合わせながら、「いやぁ、色々行き違いもあったけど、引渡しも登記移転の準備もできたから、お互い約束を履行しようね。何と言っても、pacta sunt servandaだもんねぇ」などといけしゃあしゃあと言ってくる可能性があります。こんな強欲な私の言い分にふり回されないためにも、私との契約を解除して、法律上の関係を切断しておく必要があるのです。

第二に、さっさと解除して別の契約を締結し、現在の困難な状況を回避することには、損害賠償による解決を容易にするといった意味もあるでしょう。もちろん、私の債務不履行によって生じた損害（同程度のマンションをより高い価格で購入せざるを得なかったといった損害）は、私に対して賠償請求をすることが可能です。しかし、損害賠償請求権があるということは、実際にその損害が賠償されるということを当然に意味するわけではありません。損害賠償額が大きくなればなるほど、それが完全には履行されないリスクも高まります。その点では、実際に履行請求権や損害賠償請求権が実現できる可能性も考慮に入れながら、解除のタイミングを考えるということになりそうです。

こうやって見てくると、履行請求権や損害賠償請求権が本来の形で、あるいは、次善の形で契約による利益を実現するというものであるのに対して、解除はいわば別の方向に転身するための手段だという位置づけになりそうです。

**■解除と類似した制度**　解除は有効に成立した契約をなかったものとするという機能を持っているわけですが、解除とよく似たしくみは、他にもあります。それを確認しておくことにしましょう。

まず、すでに説明した取消し（↓八七頁）も、解除と似ています。契約を取り消すことによって、契約は遡って無効となるからです【Ⅰ：一二一条】。ただし、取消しは、債務不履行を要件とするものではなく、行為能力の制限や意思表示の瑕疵を理由とするもので、どのような場合に取り消すことができるかは法律の中で規定されています。

次に、**解約告知**と呼ばれるものがあります。これは賃貸借のような継続的な契約関係において、将来に向かって契約を解消するというものです。ここでは過去に受け取った賃料の返還等は問題とならず、あくまで将来における賃貸借の解消が問題となります（賃貸借に関する民法六一七条等では**解約**という言葉が用いられています。ただし、同六二〇条では解除という言葉が用いられ、「その解除は、将来に向かってのみその効力を生ずる」と規定されています）。

**■法定解除の要件**　さて、法定解除がどのような場合にできるかについてですが、民法は、**催告による解除**と**催告によらない解除**に分けています。ここでの催告というのは、相手方に履行を求めることです。

履行強制や損害賠償請求では求められなかった催告がここで必要とされるのは、解除が契約関係を解消するという大きな変化を伴うものだからです。そのために、いわば最後のチャンスを債務者に与えるのが催告だと言えます。もっとも、たとえば目的物が滅失して履行が不能であるというような場合、あらためて催告をしても意味がありません（催告しても履行がなされ得ないことは明らかだからです）。そうした場合について、催告によらない解除が用意されているわけです。

**■催告による解除**　まず、次に説明する催告によらない解除が特に認められている場合を除いて（つまり催告による解除が原則だということになります）、契約の一方当事者（債権者）は、相手方（債務不履行をしている債務者）に対して、相当の期間を定めて履行の催告をし、その期間内に履行がされなかった場合に契約を解除することができます【Ⅲ②：五四一条】。

ここでの**相当の期間**がどれくらいなのかは、当然には決まりません。すでに履行期がきている以上、債務者は履行の準備はできているという前提で考えればよいので、それほど長い期間ではないでしょう。また、この相当の期間を示さずに催告をした場合であっても、相当の期間が経過すれば解除が可能だと考えられています。

**■催告によらない解除**　次に、催告によらない解除がどのような場合にできるかについては、もう少し細かく規定されています。

ここではさきほど挙げた債務が履行不能であるときのほか、債務者が履行拒絶の意思を表示している場合、契約の性質や当事者の意思表示によって特定の日時や一定期間内に履行しなければ契約の目的を達成できない場合（これを**定期行為**と呼びます。たとえば、クリスマスイブまでに間に合わないといけないクリスマスケーキの配達や結婚式の衣装の提供が考えられます）にその期間が経過したとき等が挙げられています【Ⅲ②：五四二条】。

なお、契約の全部が解除できるのか、一部のみが解除できるのかという点についても規定が置かれています。ここではあまり細かく説明しませんが、基本的には全部について履行が期待できない、あるいは、一部のみの履行では契約の目的が達成できない場合には全部の解除ができ、他方、残存する部分の履行でもその範囲で契約の目的が達成できる場合には契約の一部のみが解除できるというしくみになっています。

**■解除ができない場合**　上述のように、債務不履行がある場合、催告による解除または催告によらない解除が認められるわけですが、一定の場合には、こうした解除は認められません。

ひとつは、債務不履行がその契約や取引上の社会通念に照らして軽微なときは解除できません。

もうひとつは、債務不履行が債権者の責めに帰すべき事由によるものである場合です。選択債権のところでもちょっと触れたのですが（↓一一八頁）、そこでの説明を思い出してください（思い出せなかったら気にしなくていいです）。Ａ（売主）とＢ（買主）が大観と栖鳳の画についてＡが選択権を有する選択債権という形で売買契約を行い、栖鳳の画を手元で確認したいからとそれを預かっていたＢの不注意で栖鳳が滅失してしまったという場合を考えてみましょう。この場合、栖鳳の滅失は選択権を有するＡの過失によるものではありませんから【Ⅲ①：四一〇条】、Ａは依然として大観と栖鳳のいずれを選択することもできます。Ａが栖鳳を選択した場合、ＡＢ間では栖鳳の売買契約に確定します。もちろん、すでに栖鳳は滅失していますから、Aが栖鳳の所有権の移転を実現することはできません。しかし、その履行不能はBの過失によるものですから、Bから債務不履行（履行不能）を理由として解除することはできないということになるわけです。……と結構ややこしいと思われたかもしれません。もっとも、買主の過失によって目的物が滅失した以上、買主は売主に代金を支払わなくてはならないというのは、当たり前のようにも思います。こうした当たり前のことをどのように法律構成として組み立てて実現するのかという点にも、法律学の面白さはあるように思います。

## ■解除の効果としての原状回復

解除がされると、当事者は相手方に対する**原状回復義務**を負います【Ⅲ②：五四五条】。ここではまず言葉に注意してください。民法では、「原状」と「現状」という言葉の両方が使われますが（総務省が提供する e-Gov 法令検索というサイトがあり、民法もそこで電子データで見ることができます。そこで原状と現状を検索してみてください）、意味は異なります。**原状**というのは元の状態という意味で、ここでは契約が締結される前の状態を意味します。他方、**現状**は、そのものの現在の状態を意味します。たとえば、特定物債権において契約等から引渡しをすべき時の品質を定めることができないときは、その引渡しをすべき時の現状でその物を引き渡さなければならないことが規定されていますが【Ⅲ①：四八三条】、それは引き渡すべき時点での状態ということを意味します。

さて、解除されたときに、まだ債務が履行されていなかった場合には、単にその未履行の債務が消えることになります。

他方、すでに債務が履行されている場合、たとえば目的物や代金を受け取っている場合には、原状回復として、それを相手方に返還することが求められます。

■**解除と第三者**　解除による原状回復について説明しましたが、そこではこうした原状回復は第三者の権利を害さないということも規定されています【Ⅲ②：五四五条一項ただし書】。この点は、かなり前の方で触れた取消しと第三者の関係ともちょっと似ているかもしれません。

たとえば、不動産甲の売主Aが、買主Bの代金の不払いを理由としてAB間の売買契約を解除するという場合を考えてみましょう。

AによるAB間の売買契約の解除の前に、すでにBが甲をCに譲渡していたという場合、これが民法五四五条一項ただし書の適用対象であることははっきりしています。もっとも、解除の場合、あくまで原状回復として規定されているので、解除前の第三者についても、取消しの場合のように遡及効からの保護だと考える必要はありません。あくまで、解除によるBからAへの復帰的物権変動とBC間の契約によるBからCへの物権変動との関係として考えればよさそうです。この場合、両者の関係は対抗問題として扱われることになります。そのうえで、民法五四五条一項ただし書が解除前の第三者が保護されることを明文で規定している以上、取消しの場合の第三者保護と同様に、対抗要件を備えていなくても保護される（第三者であるCは登記を備えていなくてもAに所有権取得を主張できる）という考え方もあります。もっとも、判例はこうした第三者が保護されるためには対抗要件を備えることが必要だとしています。

また、解除後の第三者についても、ここで述べたような理解を前提とすれば、民法五四五条一項ただし書は適用されないとしても、あくまでCが対抗要件を備えれば、それによって保護されるという理解でよいように思います。

**■解除と損害賠償**　解除した場合、損害賠償請求ができるのかについて、民法はそれが可能だと規定しています【Ⅲ②：五四五条四項】。その点を確認しておくだけでもいいのですが、ここでは、二つの点を補足しておきたいと思います。

ひとつは、こうした規定が置かれた趣旨です。ここではあまり触れませんでしたが、解除の効果をどのように理解するかについては見解が対立しており、その立場に応じて、この規定をどのように理解するかが異なります。これまで述べてきた説明とはニュアンスが異なるのですが、ひとつの考え方は、解除によって契約が遡及的に消滅するというものでした。これによれば、契約がなくなる以上、契約に基づく債務もなくなり、債務がない以上債務不履行もありえず、損害賠償は認められないということになります。この考え方を前提とすれば、それにもかかわらず損害賠償を認めるこの規定には特別の意味があるということになります。他方、あくまで債務不履行を前提として、原状回復等の新たな効果をもたらすのが解除なのだとすれば、すでに発生している損害賠償請求権も当然になくなるものではないということになり、この規定はそれを単に確認しただけの規定だということになります。

もうひとつは、損害賠償請求権が認められるといっても、そこで認められる損害賠償の内容です。まず、履行遅滞等によって生じた損害として、たとえばマンションの引渡しが受けられなかったのでウィークリーマンションを借りた等の損害は、解除の有無にかかわらず、当然に認められます。他方、二〇〇〇万円の価値を有するマンションの所有権の移転がなされなかったために、それに代わる二〇〇〇万円の賠償を求めるというのは、履行に代わる損害賠償として、解除権が発生したうえではじめて請求できるものとなっています【Ⅲ①：四一五条二項】。

# おわりに——民法と民法典の歴史

さて、契約法についての説明は以上で終わりですが、最後に、民法と民法典の歴史について簡単に触れておきたいと思います。本書では契約法を中心に民法についての説明を行ってきました。多くの場合には、「民法」という法律があるというところから出発するのが普通だろうと思います。もっとも、そうした民法や民法典も歴史の中でできあがってきたものですし、それを作った人がいます（もちろん、それらの人々の名前がすべて残っているわけではありません）。そんな民法や民法典の歴史について、いわば授業の最後にお話ししたいと思います。契約法の勉強にどんなふうに役立つかはわかりませんが、筆者が歴史の話が大好きだからです。

**■ローマ法に始まる民法の歴史**

民法の歴史はローマ法に始まると言ってよいだろうと思います。もちろん、売買や賃貸借という基本的な取引のしくみはどんな社会にもあるでしょうから、ローマ法だけが民法を知っていたというわけではありません。ただ、ローマ法から民法の歴史が始まるというのには、いくつかの意味があります。

ひとつは、ローマ法がまさしく現在の民法（や商法）を対象とするような分野で非常に高い水準に達していたものだということがあります。法の歴史という場合、日本の律令制での笞杖徒流死といった言葉を思い出す人もいるかもしれません。また、ハンムラビ法典の「目には目を」といった言葉も思い浮かべるかもしれませんね。これらは基本的には刑罰に関する法律です。歴史的にみれば、刑法と民法はそれほど明確に分かれていたわけではありませんが、現在の我々の目から見ると、古い時代の法は、多くの場合に刑法にウェイトが置かれていたように思われます。そうした中で、民法に関する法を中心に発展させたローマ法は例外的であったようにも思われます。また、そうした形でローマ法において展開された民法に関するルールは非常に高い水準に達していました。実際、非常に広い地域を治め、高度な経済活動を行っていたローマ帝国においては、それに応じた民法（私法）も必要とされたはずです（こうしたローマの経済や法を生き生きと描いているのが、塩野七生『ローマ人の物語』です）。

もうひとつが、現代の民法につながるローマ法の連続性という点にも触れるべきでしょう。どれほどローマ法が民法について高度な発展を遂げていたとしても、それが現在の我々の社会とまったく関係がないのであれば、歴史上、そうした高度な文明がありました……というだけで終わります。しかし、かなり紆余曲折があってのことですが、ローマ法は、中世にいわば「再発見」されて（再発見という言葉は象徴的な意味でも使われますが、「ローマ法の再発見」という場合、一一世紀に学説彙纂（→一五頁）の写本（フィレンツェ写本）が見つかり、その研究や教育がなされたことを指しています。この中心となったボローニャの法学校は、世界で最初の大学のひとつとなります）、ヨーロッパにおいて広く学問の対象とされ、実際に、近世において普通法（jus commune）として適用されることになります。近代国家としての統一がなされる以前の段階では、それぞれの小さな独立地域ごとにローカルなルール（法）があったとしても、そうした地域を越えた取引等では、より一般的なルールが必要とされ、その役割を知識として受け継がれたローマ法が果たしたからです。このような形でローマ法のルールや概念等は、その後の近代国家の法整備や立法の中でも反映され、現代の我々の社会につながっているのです。

■ **近代国家における民法典の整備**

ところで、世界を眺めてみると、民法という法律を有している国と有していない国があります。後者は英米法など、コモン・ロー（判例法）の国々です。こうしたコモン・ローとローマ法の関係も面白い問題なのですが、ここでは前者に限って見ておくことにしましょう。ヨーロッパの中でも大陸の国々では、ローマ法の系譜を引き継ぎつつ、近代になって民法典が整備されていきます。その最初のものとなったのが、一八〇四年のフランス民法典、それに一八一一年のオーストリア普通民法典（オーストリア一般民法典とも言います）が続きます。この二つの民法典は、比較的近い時期に制定されたものですが、その基本的な性格はかなり異なっています。ナポレオン法典とも呼ばれるフランス民法典は、フランス革命を経て近代市民社会化されたフランスの民法典として作られたものです。そこではわかりやすい市民自身の法典という性格が強調されています。他方、オーストリア普通民法典の編纂は、マリア・テレジアの指示によって始まったもので、啓蒙主義の民法典としての性格を色濃く持っています。啓蒙主義というのは蒙昧な国民に新しい知識を与えて啓発するという意味ですが（そう言われると、かなり上から目線だということになりそうですが）、法典の中にはそうした性格を示す教科書的な記述が随所にみられます。ただ、そうした基本的な性格の違いはあるものの、ローマ法を継受するものだという基本的な点では共通していると言えます。

さて、この二つを除くと、たとえばイタリア民法典は一八六五年（慶応元年）に、またスペイン民法典は一八八九年（明治二二年）に制定されています。なお、ドイツ民法典は一八九六年（明治二九年）に成立しています。これは後述するように日本民法典の制定と、ほぼ同じ時期です。なお、一八九六年に成立したドイツ民法典ですが、施行は一九〇〇年でしたので、施行だけを見ると、日本民法典の方が早かったということになります。ちなみに、これだけ施行を遅らせたのは、新世紀の民法典としてアピールするという趣旨もあったようです。国の最も重要な法律というとすぐに憲法を思い浮かべますが、民法も国家の最も基本的なしくみを形作るものだということができます（憲法と民法とどっちがエラいかなどと議論するつもりはありません）。ナポレオン法典として知られていたフランス民法典に対して、当時のドイツ皇帝ヴィルヘルム二世は、アンチ・ナポレオン法典としてのドイツ民法典の完成を謳いたかったようです。もっとも、一九〇〇年は二〇世紀の最初の年ではなく、一九世紀の最後の年ですから、新世紀の法典ではなく、旧世紀の最後の法典と揶揄されることもあります。

もちろん、ドイツの場合、国家の統一が遅かっただけで、それまでもバイエルンやザクセン等の王国ごとに民法典やそれに類する法律があったわけですから、あまり早いとか遅いとかをむきになって議論する必要はないと思います。なお、ドイツの統一がなされる以前の段階で、一九世紀のドイツ全体に共通する民法として用いられたのが「普通法」（ローマ法）で、そこで普通法の教科書の記述のしかたとして用いられることになったのが、日本の民法典の編成にも影響を与えることになったパンデクテン・システムだったわけです（↓一五頁）。

### ■不平等条約と日本民法典の編纂を含む法整備

さて、以上の世界における民法と民法典の歴史を頭の片隅に置きつつ、日本の民法典の歴史に入ることにしましょう。

ところで、歴史を勉強する中で、不平等条約と法律の編纂といったことについて聞いたことがあるかもしれません。当時の条約が不平等だったというのは、たとえば日本国内でアメリカ人が法を犯したり、契約についてトラブルが生じた場合にはアメリカ法が適用され、他方、アメリカ国内で日本人が法を犯したり、契約についてトラブルが生じたりした場合にはやっぱりアメリカ法が適用されるという意味です。その状況を改善するために法律の整備が求められたということです。もっとも、私も高校生の頃、歴史の授業の中でこうした説明を聞いて、不平等条約を押しつけるなんてひどいなぁ……と思うものの、それと法律を整備するということがあまりきちんと頭の中で上手につながらなかったという記憶があります。

みなさんが（高校生の頃の私も）、日本の側に立って考えると、こうした条約はまさしく不平等だということになります。では、なぜこんな不平等条約となったのでしょうか。もちろん、当時の西欧諸国の力が強かったということはあるのかもしれませんが、それだけではないだろうと思います（それだけなら、法整備をするかしないかはあまり関係がないはずです。法整備をしても力関係の不平等は変わらないからです）。

さて唐突ですが、みなさんがある国の絶対君主だという状況を想像してください。みなさんは非常に健全で良識的な絶対君主で（やや言葉が矛盾しているかもしれませんが、まぁ気にしない！）、みなさんの国では刑法や民法といった法律が整備され、国民の基本的人権は守られ、何かトラブルに巻き込まれたりした場合には適切な法律に従って中立的な裁判所による裁判手続が進められます。そのみなさんの国が、他の某国と国交を樹立することになりました。その国にも絶対君主がいますが、みなさんの国と異なって、法律はまったく整備されておらず、何が犯罪になるのか、犯罪を行うとどうなるのか、契約でトラブルが生じた場合どうやって解決されるのか等、いっさい定められていません。絶対君主とその配下の恣意的判断で、その都度結論が定まります。さて、その某国と国交を樹立し、自国民が相手国に行き、相手国の国民が自国に来るという状況で、その国で起こったことはその国の法律が適用される（属地主義）、あるいは、その人についてはその国籍の法律が適用される（属人主義）といった形で平等条約を、国民を愛する絶対君主のみなさんは締結するのでしょうか。

すでに江戸時代にもそれなりに整備されたしくみを持っていた日本を、こうした某国と同視することはできないかもしれません。しかし、少なくとも誰でもアクセスできる法律を有していなかった当時の日本が（当時の奉行所などでは先例を参照した判断が積み重ねられていましたが、それを閲覧することができる人はごく限られていました）、諸外国から見て、その某国のように見えたという可能性は否定できないだろうと思います。そして、こうやって説明してくると、この不平等条約の背景に、日本での法律整備という問題があるということがわかってきます。つまり、日本が法治国家であることを示すことによって、不平等条約を改正することが実現できたのです。

**■旧民法典（ボワソナード民法典）の編纂**

それでは、民法典の編纂の歴史をごく簡単に見ておくことにしましょう。本当はものすごく面白いところなのでお話ししたいことはたくさんありますが、その気持ちをぐっと抑えて概略だけ説明します。

まず、不平等条約の改正に向けて、民法典の編纂の初期に中心的な役割を果たしたのは、司法卿（現在の法務大臣）であった江藤新平です。江藤新平という名前は、ひょっとすると日本史の勉強の中で聞いたことがある人もいるかもしれません。ただ、それは明治政府に対する不平士族の反乱のひとつ、佐賀の乱の中心人物という説明だったのではないかと思います。ただ、江藤新平は、そこに至るまでに近代法典の整備に尽力したという業績もあったのです。ちなみに司馬遼太郎の『歳月』という小説で江藤新平が描かれています。興味がある人は読んでみてください。

さて、そうした近代的な民法典としてまず完成したのが**旧民法典**（**ボワソナード民法典**とも呼ばれます）です。これは、フランス人のギュスターヴ・ボワソナード（Gustave Émile Boissonade）が中心になって編纂作業をしたもので、一八九〇年（明治二三年）に成立して、公布されています。これは編別においても、また個別の規定においても、フランス民法の影響が強いものでした。ただ、フランス法の影響は分野によって大きく異なっていました。

## ■法典論争と現行民法典の成立

さて、こうして成立した旧民法典ですが、その後、いわゆる法典論争が起こります。この法典論争における非常に有名なキャッチコピーが、「民法出テ忠孝滅フ」というものです（これは、穂積八束という憲法学者の論文のタイトルです。穂積八束は、あとで説明する現行民法典の編纂の中心人物のひとりである穂積陳重の弟です）。フランス法の影響は分野によっても異なると説明しましたが、実は、親族法や相続法に関する規定については、必ずしもフランス法の影響は強くなく、国内の慣習等も調査したうえで日本人研究者が中心となって編纂しています。したがって、批判が合理的だったのかという問題はありますが、ここでは立ち入りません。ただ、そうした根強い反対の中で、旧民法典の施行が延期されたのです（旧民法典は成立して公布されていますから、あくまで施行が延期されたということです）。

さて、こうした事態を受けて、新たに旧民法典の改正作業（現行民法典の編纂作業）が始まります。その中心になったのは法典調査会という組織です。第一回の法典調査会は一八九四年（明治二七年）四月六日に開催され、一八九六年（明治二九年）二月一七日に最後の第一六四回法典調査会が開催されています。なお、他にも現行民法典の成立に関係する会議はあるのですが、それについては省略します。ところで、この法典調査会の回数と日程について注意してもらえるでしょうか。この会議は、およそ二年弱の間に、一六四回開催されているのです。現在、たとえば民法等の改正に関わる法制審議会は、通常は一か月に一回程度のペースで開催されています。もちろん状況は当時とはまったく異なるのですが、当時の法典調査会の作業が非常に集中的なものであったということはわかってもらえると思います。

こうした現行民法典の編纂作業の中心になったのは、梅謙次郎、穂積陳重、富井政章という三人です

民法・商法施行100周年記念郵便切手
（右から、穂積陳重、梅謙次郎、富井政章）

（この三人が各条文案の起草委員として法典調査会では説明する側に回っています）。梅はフランスに留学して、リヨン大学での博士論文は、リヨン市からベルメイユ賞を与えられて、出版されています（当時、書籍として出版されるということは大変に大きな意味がありました）。穂積は、イギリスに留学し、その後、ドイツで学んでいます。また、富井も、フランスに留学しています。ちなみに、民法・商法施行百周年記念郵便切手として、この三人の肖像が描かれています。

こうした集中的な作業を経て、一八九六年（明治二九年）四月に、現行民法典の第一編から第三編が成立し、一八九八年（明治三一年）六月に第四編と第五編が成立し（それに併せて、旧民法典の該当部分が廃止されています）、一八九八年（明治三一年）七月に施行されました。

## ■現行民法典の性格

このようにして成立した日本民法典ですが、それはどのような性格を有していたのでしょうか。そこにはいくつかのポイントがあるように思います。

第一に、現行民法典は、形式は大きく変わりましたが、旧民法典の規定をそのまま引き継いでいる部分も少なくありません。つまり、その点では、旧民法典を通じて、フランス民法とのつながりは、それなりに強いものがあると言えます。

第二に、他方で、編別に典型的に示されるように、現行民法典ではドイツ民法の影響を強く見て取ることもできます。すでに触れたように、ドイツ民法が施行されたのは日本民法より後なのですが、法典調査会では、そのドイツ民法典の草案（第一草案と第二草案）が参照され、日本民法にも強い影響を与えています。

第三に、実は、現行民法典ができるときの議論（法典調査会での議論）を見ても、非常に多くの国々の制度を参考にしているという点です。たとえば、現在の民法七〇九条（不法行為法についての最も基本的な条文です）についての法典調査会の議事録を見ると、そこでは参照として、「財(旧民法財産編)三七〇、一項、仏(フランス民法)一三八二、一三八三、墺(オーストリア民法)一二九三乃至一二九五、蘭(オランダ民法)一四〇一、一四〇二、伊(イタリア民法)一一五一、一一五二、葡(ポルトガル民法)二三六一、二三六二、瑞債務法(スイス債務法)五〇、モンテネグロ(モンテネグロ民法)五七〇、西(スペイン民法)一九〇二、白草(ベルギー民法草案)一一二〇、一一二一、独一草(ドイツ民法第一草案)七〇四、同二草(ドイツ民法第二草案)七四六、普国法(プロイセン法)一部六章一乃至一七、索(ザクセン民法)一一六、一一七、巴草(バイエルン民法草案)五二」が挙げられています。また、議論の中では、民法典を有していない国々（**判例法**の諸国）のルールについても言及されています。オンラインでさまざまなデータが入手できるようになった現在でも、広く各国の法律についての情報を集め、それを基礎に作業を進めるということは容易ではありません。言葉の壁もありますし、また、法律の内容を理解するためには制度やルールの背景的知識も求められるからです。当時の日本において、これだけの比較法的な資料を集め、それらを参考にしながら民法典の編纂作業を進めたということは驚異であるように思います。

日本民法がどのような性格を有しているのか、母法は何なのかといった議論があります。そうした議論が無駄だとは言いませんが、あまり単純化して、日本民法の母法（母体となった法律）を論じたり、決めつけたりすることには慎重であるべきでしょう。

■**現在の民法典に至る歴史**　第二次世界大戦後、新しい憲法が制定され、日本の国や社会のしくみも大きく変わりました。ただ、第四編「親族」と第五編「相続」は、戦後、全面的に改正されたのに対して（これは「家」やそれを前提とする「家督相続」といった基本的なしくみが否定されたことによります。この二つの編では、全面的に条文の番号も振り直されました）、第一編から第三編については、個々の条文の改正や削除、新たな条文の制定はあったものの、基本的なしくみは維持されてきました。

そうした中で、本書の冒頭でも触れた二〇一七年（平成二九年）に成立し、二〇二〇年（令和二年）四月一日に施行された債権法改正は、こうした歴史の中で最も大きな変化だったと言えるだろうと思います。債権法改正は大きな改正でしたが、もちろんこれで民法をめぐる問題のすべてが解決されたわけではありません。そもそも、歴史の中で動き、変化していく社会を対象とする民法において、究極の解決などというものはあり得ないだろうと思っています。

今回、本書で取り上げてきたのも、そうした歴史の中で生まれ、変化してきた民法だったわけです。

さて、私からのお話は以上で本当におしまいです。本書の中で諸君が一箇所でも面白いと感じる部分を見つけてくれれば、本書の役割はきっと十分に果たせたのだと思います。

**窪田 充見**（くぼた あつみ）

1960 年 生まれ
1983 年 京都大学法学部卒業
現 在 神戸大学大学院法学研究科教授
著 書 『過失相殺の法理』（有斐閣・1994）
『ヨーロッパ不法行為法⑴⑵』（クリスティアン・フォン・バール著／編訳、弘文堂・1998）
『不法行為法―民法を学ぶ』（有斐閣・2007、第 2 版・2018）
『家族法―民法を学ぶ』（有斐閣・2011、第 4 版・2019）
『民法演習ノート III―家族法』（共編著、弘文堂・2013）
『民法演習サブノート 210 問』（共編著、弘文堂・2018、第 2 版・2020）
『民法判例百選 II 債権〔第 8 版〕』（共編、有斐閣・2018）
『事件類型別 不法行為法』（共編著、弘文堂・2021）

**契約法入門――を兼ねた民法案内**

2022（令和 4）年 3 月15日 初版 1 刷発行

著 者 窪 田 充 見
発行者 鯉 渕 友 南
発行所 株式会社 弘 文 堂 101-0062 東京都千代田区神田駿河台 1 の 7
TEL 03(3294)4801 振 替 00120-6-53909
https://www.koubundou.co.jp

装丁・イラスト 宇佐美純子
印 刷 三 陽 社
製 本 井上製本所



ISBN 978-4-335-35903-3